Druck von Metzger & Wittig in Leipzig.

Inhalt.

§ 1.

Gegenstand der Erörterung.

Der Zweck des Folgenden ist, eine Darstellung von dem Verfahren zu geben, in welchem sich die Ausführung eines im Zwangsversteigerungsverfahren abgeschlossenen Grundstückskaufs abspielt, und dabei die einschlagenden Bestimmungen der Königlich Sächsischen Subhastationsordnung vom 15. August 1884 und der Ausführungsverordnung dazu vom 16. August 1884 einer Erörterung zu unterziehen.

Es wird also im Folgenden im Allgemeinen vorausgesetzt, daß das Zwangsversteigerungsverfahren bis zur Verabschiedung des Vertheilungsplans gediehen ist. Da der Beginn der Ausführung des Verkaufs nicht in jeder Beziehung davon abhängig ist, daß der Vertheilungsplan die Rechtskraft beschritten hat, so wird auch diesem Umstande an geeigneter Stelle Rechnung zu tragen sein.

In der Natur der Sache liegt es begründet, daß vielfach auf den Inhalt des Vertheilungsplans einzugehen und dabei der Vorschriften, nach welchen derselbe einzurichten ist, zu gedenken ist. Denn er ist es ja, der neben dem Gesetz die Normen für die Ausführung des Kaufs enthält.

Eine besondere Beachtung ist der „bedingten Anweisung" im Sinne des § 140 der Subhastationsordnung geschenkt worden. Sie ist nach Bedeutung, Form und Inhalt zu prüfen. Es ist ferner das Verfahren zu erörtern, welches Platz greift, je nachdem sie in Wirksamkeit tritt oder nicht, vorher aber einer Betrachtung zu unterziehen, ob und inwiefern eine Verschiedenheit der Behandlung der bedingten Anweisung dadurch bedingt wird, daß sie sich auf einen in Anrechnung auf den Kaufpreis zu übernehmenden Anspruch oder aber auf eine aus der Kaufgeldermasse baar auszuzahlende Forderung bezieht.

Weiter ist das Auszahlungsrecht des Erstehers und sein Eintretungsrecht, endlich die Verwendung des von ihm kraft seines Auszahlungsrechts gezahlten Geldes zu behandeln.

Zum Schlusse endlich ist die Kaufserfüllung des Verkäufers an den Käufer zu betrachten: seine Eintragung im Grundbuche und die Uebergabe des erkauften Grundstücks an ihn.

---

§ 2.

Der Kauf im Zwangsversteigerungsverfahren. Erfüllung seiten des Käufers.

I. Die Erstehung eines Grundstücks im Zwangsversteigerungsverfahren ist ein Kaufvertrag, abgeschlossen zwischen dem Gericht als Verkäufer und dem Ersteher als Käufer.[1]

Begrifflich unterscheidet sich dieser Kauf von dem in §§ 1082 ff. des bürgerl. Gesetzbuchs geregelten nicht. Hier wie dort wird die Uebertragung einer (hier unbeweglichen) Sache an einen Andern gegen einen in Gelde bestehenden Preis vereinbart. Doch hat der Kauf im Versteigerungsverfahren einige Besonderheiten. Derselbe unterliegt nicht den Formvorschriften der §§ 822 ff. des B.G.B.

Es ist zwar nicht zweifelhaft, daß auch im Versteigerungsverfahren der Kaufvertrag in schriftlicher Form vorliegt: es ist der in das Protokoll aufzunehmende Beschluß, daß der Zuschlag ertheilt werde. Wiewohl aber dieser Beschluß den Verkäufer (den Richter, welcher ihn erläßt), den Käufer, die erkaufte Sache und den Kaufpreis nennt und nennen muß (§ 131 vbd. m. § 136 Abs. 2 der Subh.-Ordn.), somit alle wesentlichen Merkmale des Kaufs an sich tragen muß, so ist es doch nicht die schriftliche Fixirung dieses Beschlusses im Protokolle, welche den Kauf zur Vollendung und rechtlichen Wirksamkeit bringt, sondern die Verkündung desselben durch den Richter. Das Protokoll ist reines Beweismittel.[2]

---

[1] Daß das Gericht der Verkäufer ist — und nicht der betreibende Gläubiger oder der Schuldner als derzeitiger Eigenthümer — ist nach der Subh.-Ordn. nicht mehr zweifelhaft und die früher hierüber bestandene Controverse jetzt gegenstandslos. Die Legitimation des Gerichts ist öffentlich-rechtlicher Natur, wie die Grundsätze der Zwangsvollstreckung überhaupt (Wach, Handbuch d. d. Civ.Proc.Rechts Bd. I. S. 129 § 9 a. E.). Vertreter des Eigenthümers (Schuldners) im privatrechtlichen Sinne ist das Gericht nicht.

[2] Freilich das einzig zulässige. Vgl. § 136 Abs. 3 a. E. l. c.

Aber auch abgesehen hiervon kann hier weder von einer unterschriftlichen Vollziehung der Kaufsurkunde seiten der Betheiligten,[1] noch von einem Abschluß des Kaufs zu Protokoll des Gerichts im eigentlichen Sinne die Rede sein.

Ganz unzutreffend wäre es, wollte man den Vertheilungsplan als die dem Kaufvertrag rechtliche Wirksamkeit verleihende Urkunde ansehen. Dieser formulirt nur, was bereits in bindender Weise im Protokoll über den Versteigerungstermin, sowie dem den Zuschlag ertheilenden Beschluß enthalten ist.

Zwar ist der den Zuschlag ertheilende Beschluß durch Beschwerde gegen den Vertheilungsplan anfechtbar, und kann deshalb möglicherweise der Zuschlag und mithin der Kaufvertrag außer Kraft gesetzt werden; diese Möglichkeit[2] berechtigt aber nicht dazu, die Vollendung des Vertrags auf den Zeitpunkt zu verlegen, mit welchem die Beschwerdefrist abgelaufen oder eine eingelegte Beschwerde erledigt ist. Das umsoweniger, als den Vertragschließenden (Gericht und Ersteher) mit einziger Ausnahme des in § 148 Z. 9 der Subh.-Ordn. gedachten Falles ein Beschwerderecht gar nicht zusteht.

Zwei weitere Besonderheiten bedürfen nicht der Erörterung, sondern nur der Erwähnung.

Der Kauf im Zwangsversteigerungsverfahren ist nicht Zug um Zug-Geschäft, vielmehr bildet die Vertragsleistung des Käufers regelmäßig die Vorleistung, welche regelmäßig vollständig geschehen sein muß, ehe dem Käufer durch seine Eintragung als Eigenthümer ins Grundbuch und durch Uebergabe des Grundstücks erfüllt wird (vgl. §§ 169. 176 der Subh.-Ordn. vbs: „nach dessen Eintragung im Grundbuch“; Ausnahme s. § 176 Abs. 4).

Die Gewähr für Fehler und Entwährung ist abweichend von den gewöhnlichen Fällen geregelt in § 950 des B.G.B.

II. Die Verbindlichkeit des Käufers geht auf Zahlung des Kaufpreises, der Erstehungssumme.

Regelmäßig erfolgt die Tilgung des Kaufpreises in drei Theilen.

---

[1] Der Richter muß allerdings das Protokoll unterzeichnen, der Unterschrift des Erstehers bedarf es nicht, vgl. § 136 Abs. 3 S. 2 l. c.

[2] Ebensowenig läßt sich m. E. sagen, daß der Kaufvertrag zwischen Gericht und Ersteher unter der aufschiebenden Bedingung abgeschlossen sei, daß der Vertheilungsplan und damit der Zuschlag rechtskräftig werde. Eine Bedingung im privatrechtlichen Sinne wenigstens liegt m. E. nicht vor. Oder wird man z. B. ein Endurtheil ein bedingtes deshalb nennen, weil es der Berufung unterliegt?

1) Ein Theil des Kaufpreises wird schon im Zwangsversteigerungstermin baar gezahlt.

2) Ein weiterer Theil wird dadurch getilgt, daß auf dem Grnndstück haftende Schulden vom Käufer übernommen werden.

3) Der Rest des Kaufpreises wird gleichfalls baar gezahlt, jedoch ist Gestundung zulässig und bedarf es hinsichtlich dieses Kaufpreistheiles keiner besonderen Sicherstellung.

III. Der im Versteigerungstermine sofort baar zu erlegende Kaufpreistheil beträgt soviel als zur Deckung der in § 14 Abs. 1 der Subh.-Ordn. gedachten Impensen-, Abgaben-, Reallasten- und Zinsenrückstände, welche auf die Zeit bis zum Versteigerungstermine entfallen, sowie der Kostenrückstände einschließlich der gerichtlichen Kosten des Zwangsversteigerungsverfahrens erforderlich ist. Die Baarzahlung dieses Theiles der Erstehungssumme ist jedoch nicht ausnahmslos vorgeschrieben. Auf Antrag des Erstehers kann ihm Gestundung bis zum Ablauf von zwei Wochen nach Verkündung des Vertheilungsplans gewährt werden. Da eine Vertheilung des Eingezahlten vor diesem Zeitpunkte nicht in Frage kommen kann, so hält die Gestundung das Verfahren nicht auf.

Sie darf aber nur ertheilt werden, wenn der Ersteher wegen des betreffenden Theiles des Kaufpreises und eines 20 %igen Zuschlags Sicherheit durch Hinterlegung und Verpfändung von Werthpapieren der in § 133 der Subh.-Ordn. gedachten Art gewährt. Außerdem hat der Käufer diesen Theil vom Versteigerungstag bis zum Zahlungstag mit 5 % zu verzinsen (§ 132 der Subh.-Ordn.). Diese Zinsen wachsen der Erstehungsgeldermasse zu, erweitern mithin den Kreis der berücksichtigten Hauptforderungen; vgl. hierüber Schurig, a. a. O. Bem. 4 zu § 132 S. 226 f.[1]

Sollte der Fall eintreten, daß der Käufer am Fälligkeitstage (14 Tage nach der Verkündung des Vertheilungsplans) nicht zahlt, so hat der Richter unverzüglich die Pfänder zu versilbern und vom Erlös den vom Käufer zu zahlenden Betrag mit Zinsen zu decken. Würde der Erlös hierzu nicht ausreichen,[2] so hat der Vollstreckungsrichter einen Beschluß etwa dahin zu erlassen: daß, da der Ersteher die ihm obliegende Zahlung nicht rechtzeitig bewirkt hat, der zu zahlende Betrag aber durch den Erlös der Pfänder nicht völlig gedeckt worden ist, der Ersteher den Fehlbetrag an M Pf

---

[1] Anders verhält es sich bei den unten unter V. gedachten Zinsen.

[2] Was freilich nur äußerst selten der Fall sein wird. Denn da die Sicherstellung sich auf einen Zuschlag von 20 % erstreckt, die Gestundungsfrist nur eine kurze (höchstens 4 Wochen) ist und die Pfänder besonders sichere Werthpapiere sein müssen, so ist die Gefahr einer so beträchtlichen Werthsverminderung der Pfänder fast ausgeschlossen.

binnen (kurzer Frist) zur Gerichtskasse einzuzahlen hat. Dieser Beschluß ist dem Ersteher Amtswegen zuzustellen. In der Zustellung liegt die § 157 Abs. 2 der Subh.-Ordn. vorgeschriebene „Benachrichtigung" des Erstehers.

Nach Fristablauf ist, falls auch bis dahin die Einzahlung nicht erfolgt, die Vollstreckung desselben, gleichfalls Amtswegen, vom Vollstreckungsgericht zu verfügen.

Was zu geschehen hat, wenn die Vollstreckung zur Befriedigung nicht führt, darüber s. u. § 12 unter IV. 1b.

IV. Einen weiteren Theil der Kaufsumme gewährt der Käufer durch Uebernahme von auf dem Grundstück haftenden Hypotheken.

Er muß diejenigen Hypotheken in Anrechnung auf den Kaufpreis übernehmen, welche mit Vorrang vor der Forderung des betreibenden Gläubigers auf dem Grundstück haften (§ 16 der Subh.-Ordn.). Selbstverständlich bleibt es ihm unbenommen, sich wegen Auszahlung der Schuldbeträge mit den betreffenden Gläubigern zu verständigen. Doch scheidet eine solche Vereinbarung aus dem Rahmen des durch die Subhastations-Ordnung geregelten Verfahrens aus. Der Richter hat sie insbesondere im Vertheilungsplan selbst dann nicht zu berücksichtigen, wenn sie z. B. im Versteigerungstermin zur Sprache gekommen und ins Protokoll aufgenommen worden wäre. Daher ist auch die Anwendung der Vorschriften in § 158 der Subh.-Ordn. für den Nichtzahlungsfall ausgeschlossen.[1]

Dasselbe gilt, wenn die (eingetretene oder bevorstehende) Fälligkeit rechtzeitig und daher gegen den Ersteher wirksam angemeldet worden ist (§ 20 der Subh.-Ordn.).

Auch hier scheidet diese Thatsache der Regel nach aus dem Versteigerungsverfahren aus. Der Vertheilungsplan beschränkt sich darauf, die Uebernahme der (fälligen) Schuld durch den Käufer auszusprechen. § 114 Abs. 4 der Subh.-Ordn. ermächtigt den Richter nur, dem Ersteher auch bezüglich der fälligen Schulden, die er in Anrechnung auf den Kaufpreis zu übernehmen, kurze Fristen zu ertheilen.

Dagegen begründet weder die Anmeldung der Fälligkeit, noch die Bestimmung einer Zahlungsfrist für die fällige Schuld im Vertheilungsplan das Recht des Gläubigers auf sofortige zwangsweise Realisirbarkeit seines Anspruchs.

---

[1] Anders liegt natürlich die Sache, wenn gemäß § 109 der Subh.-Ordn. im Versteigerungstermine vor dem Bieten bestimmt worden ist, daß eine vor der Forderung des betreibenden Gläubigers eingetragene Forderung wie eine im Rang nachstehende behandelt werden solle. In diesem Falle tritt alles das ein, was im Gesetz von Forderungen dieser letzteren Art gesagt ist.

Vgl. Motive zu § 20 bei Schurig S. 89; Dep.-Bericht der II. Kammer, ebenda S. 202; Schurig, Bem. 3 zu § 158 S. 255.

Die Bestimmung in § 158 bezieht sich auf § 114 Abs. 4 nicht mit, denn § 158 handelt nur von dem, dem Gericht als Verkäufer geschuldeten Kaufpreis.[1]

Abgesehen von denjenigen Schulden, die der Käufer übernehmen muß, ist es nicht ausgeschlossen, daß die Uebernahme weiterer Schulden in Anrechnung auf den Kaufpreis als Kaufsbedingung vereinbart ist. Geschieht dies bezüglich der Forderung des betreibenden und des beigetretenen Gläubigers, so wirkt diese Schuldübernahme dem ursprünglichen Schuldner gegenüber als Schuldtilgung (§ 164 der Subh.-Ordn.); vgl. hierzu Schurig, S. 261 f.[2]

Da der Vertheilungsplan die näheren Bestimmungen darüber zu enthalten hat, in welcher Weise der Käufer erfüllen muß, so muß er in Folge dessen auch die vom Käufer in locum pretii zu übernehmenden Schulden bezeichnen. Die Schuldübernahme gilt als erfolgt und damit die Erfüllung rücksichtlich des entsprechenden Kaufpreistheils seiten des Käufers als geschehen, sobald der Vertheilungsplan rechtskräftig geworden ist, § 143 Abs. 1 der Subh.-Ordn. Eine Consequenz dieses Satzes ist es daher nur, wenn die Subh.-Ordn. in § 16 Abs. 3 vorschreibt, daß, sobald der Zuschlag unanfechtbar geworden ist, die persönliche (und die Pfand-) Klage auch gegen den Käufer gerichtet werden kann.

Wenn hiernach die Haftung des Käufers für die übernommene Schuld erst zu einem späteren Zeitpunkte eintritt und § 18 Abs. 1 der Subh.-Ordn. weiter bestimmt, daß derselbe die zu übernehmenden Schulden schon vom Tage der Versteigerung an zu verzinsen hat, so ist hierin kein Widerspruch zu erblicken. Denn die a. a. O. normirte Verpflichtung des Käufers hat zur Voraussetzung, daß es zu einer Schuldübernahme kommt. Tritt dieser Fall ein, so wird die Schuld in dem Umfange, in welchem sie zu diesem Zeitpunkte besteht, übernommen, also mit Zinsen vom Versteigerungstage an[3] (vgl. hierzu auch Schurig, Bem. 3 zu § 18 S. 87).

---

[1] Nach der Fassung des Entwurfs war dies zweifellos. Denn hier fehlte der Abs. 4 des § 114. Dieser ist ein, in das System der Subh.-Ordn. nicht recht passendes Einschiebsel der II. Ständekammer. Zur Vermeidung von Zweifeln wäre es allerdings zweckmäßig gewesen, nach Annahme des Abs. 4 von § 114 den § 158 bestimmter zu fassen.

[2] Ueber die fingirte Schuldübernahme des § 175 Abs. 1 der Subh.-Ordn. s. das Nöthige unter V. a. E. und unten § 12 a. E.

[3] Bis zu diesem Tage sind die Zinsen bezahlt — aus dem unter III. gedachten Kaufpreistheil.

Wenn der erste Hypothekarier die Zwangsversteigerung betreibt, so ist — abgesehen von einer besonderen Vereinbarung — selbstverständlich von einer Schuldübernahme seiten des Erstehers überhaupt nicht die Rede.

V. Der nach Abzug der unter III. gedachten Baarzahlung und des Betrags der zu übernehmenden Schulden (IV.) zur Erfüllung der Kaufsumme verbleibende Rest ist vom Käufer gleichfalls baar zur Gerichtskasse einzuzahlen und zwar mit Zinsen zu 5% vom Versteigerungstage bis zum Tage der Zahlung. Dieser Betrag ist bestimmt (und demgemäß im Vertheilungsplan auszuwerfen) zur Bezahlung der auf dem Grundstücke haftenden Hauptforderungen, soweit sie nicht vom Käufer zu übernehmen sind und soweit der Kaufpreis reicht. Mit dieser Beschränkung erhalten die Hypothekengläubiger also nicht blos ihre Stammforderungen, sondern auch vom Versteigerungstage an Zinsen auf letztere zu 5%, und zwar dies auch dann, wenn ihre Forderungen mit weniger als 5% verzinslich oder ganz unverzinslich waren (§ 15 Subh.-Ordn. Schurig, Anm. 3 zu diesem §, S. 78: „Der Ersteher verzinst nicht jene ursprünglichen Forderungen, sondern den den Gläubigern überwiesenen Kaufpreistheil).“ [1]

Mit der Einforderung dieses Kaufpreistheils ist regelmäßig Abstand zu nehmen, bis feststeht, daß der Zuschlag unanfechtbar geworden ist. Dem Käufer können Theilzahlungen [2] nachgelassen werden, so jedoch, daß die letzte Rate längsteus binnen vier Monaten einzuzahlen ist. Eine längere Gestundung ist nur mit Zustimmung des betheiligten Hypothekengläubigers zulässig (§ 114 der Subh.-Ordn.).

Der Fristenlauf beginnt mit der Rechtskraft des Zuschlags. Dies ergiebt sich zwar nicht aus § 114, wohl aber aus § 158 Abs. 2 der Subh.-Ordn. (vgl. Schurig, Bem. 5 zu § 114).

Statt der Zahlung an die Gerichtskasse kann dem Käufer durch den Vertheilungsplan rücksichtlich dieses Kaufpreistheils nachgelassen werden, Zahlungen unmittelbar an diejenigen Personen zu leisten, deren Forderungen aus diesem Kaufpreistheil zu befriedigen sind, dafern letztere nicht zu den sog. „ungewissen Ansprüchen“ gehören (§ 142 der Subh.-Ordn.). Dabei ist aber im Auge zu behalten, daß der Ersteher zu den betreffenden Gläubigern in ein unmittelbares Schuldverhältniß nicht tritt, vielmehr es sich auch dann noch rechtlich nur um Bezahlung des von ihm dem Gericht als dem Verkäufer geschuldeten Kaufpreises handelt.

---

[1] Eine weitere Consequenz dieses Satzes s. unten § 4 und § 12.

[2] Vgl. § 30 AVO.: „Bei Feststellung der Zahlungszeiten ist darauf Bedacht zu nehmen, daß eine Nöthigung eines und desselben Gläubigers, Theilzahlungen auf eine Forderung anzunehmen, möglichst vermieden werde.“

Deshalb bleibt, wenn der Käufer seiner Zahlungsverbindlichkeit nicht freiwillig nachkommt, auch nur das Gericht zur zwangsweisen Einziehung berechtigt. Das Gericht aber wird nur thätig, wenn Gläubigerantrag vorliegt. Liegt dieser vor, so faßt es Beschluß dahin, daß wegen des vom Käufer nicht rechtzeitig berichtigten Kaufpreistheils die Zwangsvollstreckung angeordnet werde, und hat für Vollstreckung dieses Beschlusses Amtswegen Sorge zu tragen. Eine Nachfrist, wie oben in dem Falle unter III., wird hier dem Käufer nicht gewährt.

Stellt aber der Gläubiger, dessen Forderung aus dem nicht rechtzeitig abgeführten Kaufpreistheil auszuzahlen wäre, keinen Antrag, so gilt das Schweigen des Gläubigers bis zum Ablauf von drei Monaten nach dem letzten Fälligkeitstermin als sein Einverständniß damit, daß seine Forderung vom Ersteher in Anrechnung auf den Kaufpreis übernommen wird (§§ 175, 172, 170 vbd. m. § 20 und § 158 der Subh.-Ordn.).

Ueber den Fall, daß die angeordnete Zwangsvollstreckung erfolglos bleibt, s. unten § 12 unter IV. 3.

---

§ 3.

Der ungewisse Anspruch.

I. Zweck der Zwangsversteigerung ist in erster Linie Gläubigerbefriedigung, nicht Gütertausch.

Wird das Verfahren von dieser Zweckbestimmung dergestalt beherrscht, daß, wo der Zweck nicht erreicht wird, der Zwangsverkauf nicht stattfinden darf (§ 10 der Subh.-Ordn.), so ist es erklärlich, wenn auch in anderer Beziehung die Verwendung des vom Käufer zu zahlenden Kaufpreises in den Vordergrund tritt und bestimmend auf das Verfahren selbst einwirkt.

Vom Kaufpreis sind zunächst die sämmtlichen, bis zum Versteigerungstermin aufgelaufenen Abgaben-, Reallasten- und Zinsenrückstände, sowie die bis zum Zwangsversteigerungsbeschluß erwachsenen Kosten (soweit nicht die bezüglichen Hauptforderungen gänzlich leer ausgehen) und sodann die Hauptforderungen (diese theilweise durch Uebernahme seiten des Käufers, s. darüber § 2 unter II. und IV.) zu decken. Der etwa noch verbleibende Rest kommt dem Pfandschuldner, dessen Grundstück veräußert wird, zu.

Die Vertheilung des Kaufpreises auf die einzelnen Hypothekenforderungen geschieht im Vertheilungsplane. Bei dieser Vertheilung müssen sämmtliche, im Grund- und Hypothekenbuche eingetragenen Forderungen berücksichtigt werden (vgl. §§ 7 u. 21 der Subh.-Ordn.).

II. Da nun häufig Forderungen im Hypothekenbuch eingetragen sich befinden, bezüglich deren es zweifelhaft ist, ob das Grundstück behufs ihrer Befriedigung herangezogen werden darf, so versteht es sich von selbst, daß dieser Ungewißheit bei der Vertheilung des Kaufpreises im Vertheilungsplan Rechnung getragen werden muß. Es hat zwar dabei zu bleiben, daß der entsprechende Kaufpreistheil in erster Linie auf jene Forderung anzuweisen ist; doch müssen die geeigneten Maßregeln getroffen werden, damit für den möglichen Fall, daß die Forderung aus dem Kaufpreis nicht zu befriedigen, der bezügliche Kaufpreistheil demjenigen zukomme, welcher diesfalls den nächsten Anspruch darauf hat.

Die hier in Betracht kommenden Ansprüche bezeichnet die AVO. zur Subh.-Ordn. mit dem technischen Ausdruck „ungewisse Ansprüche". Sie werden in § 16 Abs. 2 vbd. m. § 7 der Subh.-Ordn. aufgeführt. Hiernach sind es:

1) Hypotheken, welche auf Grund der Bestimmungen in §§ 390, 391, 392, 392 des B.G.B. oder sonst zur Sicherstellung ungewisser Forderungen eingetragen sind (mit Ausnahme der Kostencautionshypotheken),

2) Hypotheken,[1] welche in Kraft vorläufiger Vollstreckung oder auf Grund eines Arrestbefehls eingetragen sind,

3) Hypotheken, bezüglich deren das Vorhandensein einer Forderung im Versteigerungsverfahren bestritten worden ist,

4) Schulden, welche auch auf einem andern Grundstück ungetheilt lasten.

III. Diese Zusammenstellung ist nicht nach logischen Gesichtspunkten geordnet.

Die Ungewißheit in den Fällen 1—3 betrifft die Existenz der Forderung, und zwar ist theils die Entstehung derselben zweifelhaft, theils diese zwar gewiß, aber der Wegfall der Forderung möglich.

Im Falle 4 ist das Bestehen des Gläubigeranspruchs nach keiner Seite hin zweifelhaft; es ist auch nicht zweifelhaft, daß der Gläubiger die Befriedigung des Anspruchs aus dem Grundstück fordern darf.[2] Ungewiß ist hier nur, ob er sie fordern wird, oder ob er sich aus anderen ihm zu Gebote stehenden Befriedigungsmitteln befriedigen wird. Dies zeigt zu-

---

[1] Diese fallen begrifflich bereits unter die unter 1) aufgeführten; s. auch Schurig, a. a. O. Bem. 1 zu § 7 S. 61.

[2] Zu vgl. § 379 des B.G.B.

gleich, daß das Gesetz zu eng ist, wenn es zu 4) nur von Schulden, die auch auf einem andern Grundstück ungetheilt lasten, spricht. Genau ebenso[1] liegt der Fall, wenn neben der Hypothek für die Forderung Faustpfänder oder Bürgen haften. Bei der Bürgschaft kommt nur das sog. beneficium cedendarum actionum des Bürgen in Betracht, kraft dessen dieser, wenn er den Gläubiger befriedigt hat, Abtretung der Forderung sammt Hypothek fordern darf (§ 955 des B.G.B.).

IV. Die Entstehung einer Gläubigerforderung, die aus dem Grundstück zu befriedigen ist, ist ungewiß

1) bei den sämmtlichen Cautionshypotheken,[2] mögen dieselben auf Grund gesetzlichen Rechtstitels (§§ 391—393 des B.G.B.) oder auf Grund von Pfandbestellung seiten des Grundstückseigenthümers eingetragen sein.

Bei diesen haftet das Grundstück bis zur eingetragenen Haftsumme für Forderungen aus einem bestimmten Rechtsverhältniß.[3] Besteht dieses Verhältniß nach der Grundstücksversteigerung noch fort, so daß noch in Zukunft Forderungen aus demselben dem Pfandgläubiger erwachsen können, so darf der Werthstheil des Grundstücks, auf welchen der Gläubiger vermöge seiner Hypothek Anspruch hat, ihm nicht entzogen werden, auch wenn derselbe zur Zeit des Zwangsverkaufs durch den Gläubigeranspruch noch nicht absorbirt ist. Wieweit der Gläubiger aus dem Grundstück Befriedigung fordern darf, entscheidet sich erst, wenn das Rechtsverhältniß sein Ende erreicht hat. Bis dahin muß die volle Cautionssumme für den Gläubiger reservirt werden.[4]

2) bei der Hypothek wegen des eheweiblichen Einbringens. Sie dient zur Sicherstellung des eingebrachten beweglichen Vermögens der Ehefrau, setzt also eine dem Betrag nach festbestimmte Einbringensforderung voraus. Sie muß aber auf einseitigen Antrag der Ehefrau eingetragen und „ihr Bestehen auch dem Eigenthümer des Pfandgrundstücks gegenüber im Bestreitungsfalle erst bewiesen werden" (vgl. Motive zu § 7 der Subh.-Ordn.).

3) bei Hypotheken wegen einer aufschiebend bedingten Forderung. Auch hier muß, ehe von Liquidität der Forderung die Rede sein kann, erst der Eintritt der Bedingung vom Gläubiger nachgewiesen werden.

---

[1] Entsprechende Anwendung ist auch für den Fall geboten, in welchem nur ein ideeller Theil eines Grundstücks zur Versteigerung gelangt und eine auf dem ganzen Grundstück haftende Hypothek in Frage steht. Vgl. hierüber zutreffend Wengler's Archiv f. civilrechtl. Entscheid. 1885, S. 577 ff.

[2] Wegen der Kostencautionshypotheken s. § 17 der Subh.-Ordn.

[3] Und zwar aus einem Rechtsverhältniß entweder zwischen dem Gläubiger und dem Grundstückseigenthümer, oder zwischen dem Gläubiger und einem Dritten.

[4] Vgl. hierzu Dep.-Ber. der I. Kammer bei Schurig, S. 60 f.

4) bei den in Kraft vorläufiger Vollstreckung oder auf Grund eines Arrestbefehls eingetragenen Hypotheken. Die vorläufig vollstreckbare Entscheidung ist im Zweifel noch anfechtbar, kann deshalb möglicherweise noch abgeändert werden. Die durch Arrest gesicherte Forderung ist nur „glaubhaft" gemacht,[1] nicht bewiesen; der Beweis kann mißglücken, sie kann durch Einreden beseitigt werden.

V. Der Wegfall der Gläubigerforderung ist, ohne daß dieselbe befriedigt wird, möglich bei der Hypothek wegen einer befristeten oder auflösend bedingten Forderung. Mit Eintritt des dies oder der auflösenden Bedingung fällt die existent gewordene Forderung weg.

Endlich wird in allen Fällen eine durch den Hypothekeneintrag bezeugte Forderung dadurch ungewiß, daß sie im Versteigerungsverfahren bestritten wird.

VI. Die Fälle unter IV. haben das gemeinsam, daß sich die Ungewißheit aus dem Hypothekenbucheintrag selbst ergiebt.

Zudem ist sie hier regelmäßig aus den Grundakten zu ersehen,[2] während bei den durch Bestreitung ungewiß gewordenen Forderungen, soweit sie nicht zu den nurerwähnten gehören, irgend welche Gerichtskundigkeit der Ungewißheit nicht vorliegt.

Die vorstehende Aufzählung zeigt die Verschiedenheit der Ungewißheit eines Anspruchs nicht nur der Art, sondern auch dem Grade nach. In letzterer Beziehung sind von der bloßen Möglichkeit, daß eine Forderung einmal existent werden kann, bis zu der Möglichkeit, daß sie künftig ohne Befriedigung in Wegfall kommen kann, alle Schattirungen vertreten.

Es entspricht nur den Anforderungen der Billigkeit, daß diese Verschiedenheit sich wiederspiegelt in der Berücksichtigung, die der Richter dem ungewissen Anspruch zu schenken hat.

Bei aller sonstiger Verschiedenheit haben aber alle Fälle das gemeinsam, daß das der, durch Pfandrecht am versteigerten Grundstück gesicherten Forderung anklebende Recht auf Befriedigung aus dem Grundstück, m. a. W. die Haftbarkeit desselben für jene wegfallen kann.

---

[1] Möglicherweise nicht einmal das; s. § 801 Abs. 2 der Civ.-Proc.-Ordn.

[2] Und muß aus diesem Grunde zur Kenntniß des Vollstreckungsgerichts gelangen; denn dieses hat bei Herstellung des in Nr. 7 der VO. v. 20./8. 84 (J. M. Bl. 1884, S. 22) gedachten Verzeichnisses die den Hypothekeneinträgen zu Grunde liegenden Urkunden einzusehen.

§ 4.

Die bedingte Anweisung.

I. Die Berücksichtigung, die die Ungewißheit eines Anspruchs im Sinne des Vorstehenden im Vertheilungsplan zu finden hat, ist nach § 140 der Subh.-Ordn. folgende:

Auf den zur Deckung des ungewissen Anspruchs in erster Linie bestimmten Kaufpreistheil[1] sollen für den Fall, daß der Inhaber des ungewissen Anspruchs Befriedigung aus dem Grundstückserlös nicht fordern darf, diejenigen Personen angewiesen werden, die diesfalls Anspruch auf den Kaufpreistheil haben; das sind die leer ausgegangenen Hypothekengläubiger und nach ihnen der Pfandschuldner (vgl. auch § 39 der AVO. z. Subh.Ordn.); den letzteren wird also im Vertheilungsplan ein bedingtes Recht auf den frei werdenden Theil der Kaufsumme eingeräumt.

Die Bedingung, an die ihr Recht geknüpft ist, ist der Wegfall der Haftbarkeit des Grundstücks für den ungewissen Anspruch. Selbstverständlich wird aber weiter vorausgesetzt, daß ihr eigner Anspruch zur Zeit des Wegfalls der Haftbarkeit des Grundstücks noch besteht.

Wenn das Gesetz in § 16 und die AVO. in § 39 die Bedingung dahin formulirt, „daß der Anspruch aus einem anderen Grunde, als in Folge Befriedigung durch den Ersteher in Wegfall kommt", so ist dies incorrect und zu eng.

Zutreffend ist lediglich die Ausdrucksweise des § 140 der Subh.-Ordn. Trotz Befriedigung[2] des (ungewissen) Anspruchs durch den Ersteher kann das bedingte Recht der Nachhypothekarier (event. des Schuldners) zu einem unbedingten werden, wenn die Haftbarkeit des Grundstücks für den

---

[1] Oder richtiger Werthstheil; denn es wird hier nicht unterschieden zwischen ungewissen Ansprüchen, die der Forderung des betreibenden Gläubigers vorgehen, und solchen, die im Range ihr nachstehen, s. u.

[2] Ueber die Bedeutung dieses Ausdrucks vgl. Schurig, a. a. O. Bem. 7 zu § 16. Mit der Ausdrucksweise des § 16 Abs. 2 der Subh.-Ordn. würde man höchstens dann auskommen können, wenn man unter „Befriedigung durch den Ersteher" jedes Rechtsgeschäft desselben, durch welches die Forderung getilgt wird, versteht. Aber verträgt der Begriff „Befriedigung" eine derartige Ausdehnung? Bildet er nicht gerade den Gegensatz zum (acceptirten) Verzicht auf die Forderung? — Hierzu kommt, daß sich in vielen Fällen die Frage, ob eine Forderung „aus einem anderen Grunde, als in Folge Befriedigung durch den Ersteher" weggefallen ist, nur durch Entscheidung der Frage, ob die Haftbarkeit des Grundstücks für die Forderung in Wegfall gekommen, beantworten läßt.

Anspruch thatsächlich nicht bestand und vom Ersteher nur irrthümlich angenommen wurde. Dieser muß dann eben zweimal zahlen.

Das bedingte Recht der Nachhypothekarier kann wegfallen, obwohl Befriedigung des ungewissen Anspruchs durch den Ersteher nicht vorliegt; z. B. wenn der Inhaber desselben unter Annahme Seiten des Erstehers bei vorhandener Haftbarkeit des Grundstücks auf den Anspruch verzichtet, um dem Ersteher ein Geschenk damit zu machen, oder wenn dieser jenen oder jener diesen beerbt.

Vgl. auch Motive zu § 19 bei Schurig, a. a. O. S. 88.

II. Wenn die eventuellen Rechte der leer ausgehenden Nachhypothekarier (und des Schuldners) dadurch gewahrt werden, daß ihre Forderungen bedingungsweise auf den Kaufpreistheil angewiesen werden, welcher in erster Linie und solange die Ungewißheit noch besteht für die ungewissen Ansprüche reservirt bleiben muß, so entscheidet diese bedingte Anweisung[1] doch, wie kaum der Erwähnung bedarf, die Frage nicht, wem der entsprechende Kaufpreistheil zukommt. Diese Frage zu entscheiden, liegt auch gar nicht im Zweck des Vertheilungsplans. Denn dieser will auch nach seiner Rechtskraft keine Norm geben, vermöge deren der berücksichtigte Gläubiger das Empfangene endgültig behalten darf, sondern will nur die Norm geben, die den Richter zur Auszahlung an die berücksichtigten Gläubiger berechtigt. Die materielle Rechtsbeständigkeit der Gläubigeransprüche und ihr Verhältniß untereinander zu prüfen und festzustellen, dazu ist der Vollstreckungsrichter weder verpflichtet noch berechtigt.[2]

III. Für das Verfahren wegen Lösung der schwebenden Ungewißheit kommt aber wesentlich mit in Betracht, ob der ungewisse Anspruch vom Käufer in Anrechnung auf den Kaufpreis übernommen wird oder aus der vom Käufer baar zu zahlenden Kaufgeldermasse zu befriedigen sein würde.

In dem ersten Fall tritt der Käufer in die Schuldverbindlichkeit seines Vorbesitzers ein. Er übernimmt die Schuld innerhalb der durch den Hypothekenbucheintrag bestimmt gezogenen Grenzen so, wie sie für den Vorbesitzer bestand. Das Schuldverhältniß besteht in der früheren Weise fort und damit auch die Ungewißheit des Gläubigeranspruchs selbst. Die Berücksichtigung der Ungewißheit kann deshalb der Natur der Sache nach nur eine vorläufige sein und nur darin bestehen, daß im Vertheilungsplan neben der Constatirung der Ungewißheit allgemeine Dispositionen für die

[1] Die AVO. gebraucht diesen Ausdruck als technischen nur für die Fälle, wo der ungewisse Anspruch in Anrechnung auf den Kaufpreis zu übernehmen ist.

[2] Abgesehen von dem ihm obliegenden Versuch einer gütlichen Verständigung der Streitenden, vgl. § 21 der Subh.=Ordn., §§ 24, 40 AVO. dazu.

Zukunft getroffen werden, die endgültige Regelung aber einem besonderen, zukünftigen Verfahren vorbehalten wird. Gleichwohl erscheint dieses von dem Versteigerungsverfahren selbst nicht völlig losgelöst; sondern, wie es seine Wurzeln in ihm hat, so ist es auch äußerlich nur ein Nachverfahren, welches sich durchgängig vor dem Vollstreckungsgerichte abzuspielen hat.

In dem zweiten Fall dagegen handelt es sich darum, daß der ungewisse Anspruch aus den vom Käufer eingezahlten Mitteln befriedigt und zur Erlöschung gebracht werden soll. Die Tilgungsmittel liegen bereit da. Hier wird die Frage, ob der ungewisse Anspruch durch Zahlung befriedigt werden darf, sofort brennend.

Das Gericht muß sich sofort[1] schlüssig machen, ob es an den Inhaber des ungewissen Anspruchs zahlen oder die Zahlung verweigern will.

Die grundsätzliche Verschiedenheit beider Fälle ergiebt sich daraus, daß in dem ersten Falle das in Betracht kommende Rechtsverhältniß zwischen dem Käufer einer- und den Forderungsberechtigten andererseits, im zweiten Falle dagegen zwischen dem Gericht als Verkäufer einer- und dem Forderungsberechtigten andererseits besteht.

Ersteres bedarf der näheren Betrachtung.

Kraft gesetzlicher Kaufsbedingung[2] verspricht bei der Uebernahme einer Hypothekschuld in Anrechnung auf den Kaufpreis der Käufer dem Verkäufer[3] (dem Gericht) eine Leistung an einen Dritten, in der Absicht, zugleich diesem Dritten verpflichtet zu sein. Das Versprechen gereicht zu Gunsten des Schuldners in der alten Schuld (seines Vorbesitzers); denn dieser wird dadurch im ökonomischen Sinne die Schuld los.[4]

Es gereicht ferner zu Gunsten des Gläubigers; denn dieser erlangt dadurch einen neuen Schuldner *neben* dem alten.

Die Verbindlichkeit des Käufers besteht dem *Verkäufer* gegenüber so lange als die Dritten (Schuldner und Gläubiger der alten Obligation) dem Vertrag noch nicht beigetreten sind oder die zu ihren Gunsten gereichende Leistung noch nicht angenommen haben. Ist letzteres aber geschehen, so erwerben die Dritten ein *selbständiges*, vom Willen des Ver-

---

[1] Wenn auch nicht nothwendig im Vertheilungsplan, so doch dann unmittelbar bei der Ausführung des Verkaufs.

[2] Die Bedeutung der gesetzlichen Kaufsbedingung ist dargelegt unten § 12 unter II.

[3] Diese Construction ist freilich ein Umweg, der sich aber nicht vermeiden läßt, da das Gericht nicht Stellvertreter im privatrechtlichen Sinne und die Anwendung von § 788 des B.G.B. deshalb ausgeschlossen ist, vgl. Anm. 1 zu § 2 oben. Ferner *Siebenhaar*, Comm. z. B.G.B. 2. Aufl. Bd. I. S. 388 a. E. u. S. 389 oben.

[4] Insofern jener ihm für Bezahlung der Schuld aufkommen muß, vgl. §§ 1402 u. 1403 des B.G.B.

käufers unabhängiges Recht aus dem Vertrag gegen den Käufer (§§ 853 ff. des B.G.B.).[1]

Betrifft aber die Schuldübernahme einen ungewissen Anspruch, so ist das Rechtsverhältniß folgendes:

Kraft des mit dem Gericht unter den gesetzlichen Kaufsbedingungen (§ 16 insbes. Abs. 2 der Subh.=Ordn.) geschlossenen Kaufvertrags verspricht der Käufer die Erfüllung des ungewissen Anspruchs oder, falls die Haftbarkeit des Grundstücks für die ungewisse Forderung ganz oder theilweise in Wegfall kommt,[2] die Erfüllung eines andern Anspruchs.

Dieser andere Anspruch ist entweder die durch Hypothek am erkauften Grundstück versichert gewesene Forderung eines andern leer ausgegangenen Gläubigers seines Vorbesitzers oder aber, dafern und soweit leer ausgegangene Hypothekengläubiger nicht vorhanden sind, die Forderung des Schuldners[3] auf Gewährung des Kaufpreises (vgl. § 167 der Subh.=Ordn. und Schurig, Bem. zu § 167 a. a. O., S. 265).

Aus diesem Versprechen des Käufers erwerben mit dem Zeitpunkt ihres Beitritts zu diesem Vertrag[4] ein selbständiges Recht auf Befriedigung ihrer gedachten Ansprüche gegen den Käufer:

1) der Inhaber des ungewissen Anspruchs, unter der Bedingung, daß die Haftbarkeit des Grundstücks für denselben nicht in Wegfall kommt;

2) die bei Berücksichtigung des ungewissen Anspruchs ungedeckt bleibenden Hypothekengläubiger, sowie der Eigenthümer des Grundstücks unter der Bedingung, daß die Haftbarkeit des Grundstücks für jene wegfällt, und soviel erstere anlangt, unter der weiteren Voraussetzung, daß ihr eigner Anspruch besteht.

Hieraus ergiebt sich der wichtige Folgesatz, daß das zwischen dem Ersteher des Grundstücks und den Inhabern der bedingt angewiesenen Ansprüche bestehende Rechtsverhältniß ein Vertragsverhältniß und nicht bloß ein vertragsähnliches Verhältniß[5] ist. Das bedingte Recht der Letzteren erlischt nur mit dem Wegfall ihrer eigenen Forderung oder mit Nichteintritt der Bedingung, an welche es geknüpft ist. Es erlischt aber nicht schlechthin durch Erfüllung des ungewissen Anspruchs seiten des Käufers. Der Käufer darf daher den ungewissen Anspruch nur dann er=

[1] Die Beendigung dieses Verhältnisses nach Maßgabe von § 432 des B.G.B. bedarf hier nicht der Berücksichtigung.

[2] Aus welchem Grund ist gleichgültig; s. oben § 3, insbes. unter III.

[3] Dessen Grundstück versteigert wird.

[4] Wenn der Beitritt geschieht, ist quaestio facti.

[5] Ungerechtfertigte Bereicherung des Käufers!

füllen, wenn die Haftbarkeit des Grundstücks für denselben außer Zweifel steht, will er nicht Gefahr laufen, trotz Zahlung an den Gläubiger des ungewissen Anspruchs nochmals an die Inhaber der bedingt angewiesenen Ansprüche zahlen zu müssen. Hat er aber diesen letzteren gegenüber die Verantwortung[1] dafür zu tragen, daß die Haftbarkeit des Grundstücks für den ungewissen Anspruch besteht, so wird er in allen Fällen gut thun, wenn er von dem ihm in § 19 der Subh.-Ordn. eingeräumten Rechte Gebrauch macht, wovon das Nähere unten in § 8.

Im Folgenden (§§ 5—10) ist zunächst die bedingte Anweisung i. e. S., d. h. für den Fall, daß der ungewisse Anspruch vom Ersteher in Anrechnung auf den Kaufpreis zu übernehmen ist, danach aber die bedingte Anweisung für den Fall, daß der ungewisse Anspruch aus dem baar eingezahlten Kaufpreis zu befriedigen ist, zu betrachten (§ 11).

A. Die bedingte Anweisung bei dem in Anrechnung auf den Kaufpreis zu übernehmenden ungewissen Anspruch.

§ 5.

Die Verlautbarung im Hypothekenbuch.

Die Subh.-Ordn. schreibt in § 162 vor, daß die bedingte Uebernahme einer auf dem Grundstück lastenden Schuld (an Stelle einer anderen, in erster Linie übernommenen, wegfallenden ungewissen Schuld) im Hypothekenbuch zu verlautbaren ist.

Hierbei ist Folgendes zu beachten.

Die Eintragung der bedingten Anweisung ins Hypothekenbuch erfolgt erst, wenn der Käufer als Eigenthümer eingetragen und die zur Auszahlung gelangten und leer ausgegangenen Hypotheken („in Folge Zahlung nach der Zwangsversteigerung“ bezw. „in Folge der Zwangsversteigerung“ — vgl. § 46 der AVO. vbd. mit § 171 der Subh.-Ordn.) gelöscht worden sind.

Wenn dies geschehen ist, sind auf dem Grundbuchsfolium (III. Rubrik) nur noch diejenigen Hypothekschulden verlautbart, die vom Käufer in Anrechnung auf den Kaufpreis übernommen worden sind, der Regel nach also die, die dem betreibenden Gläubiger vorgehen.

[1] Vgl. auch Motive zu § 19 bei Schurig, a. a. O. S. 88.

Der die bedingt übernommenen Ansprüche betreffende, durch § 162 der Subh.-Ordn. vorgeschriebene Eintrag folgt mit besonderer Hypothekennummer unmittelbar auf den Löschungseintrag. Hierdurch wird bewirkt, daß, wenn die bedingte Anweisung in Wirksamkeit tritt, dem betreffenden nunmehr zur Befriedigung gelangenden Anspruch der Rang gesichert ist, welcher ihm zukommt. Denn dem Range nach kann und darf er nicht an die Stelle des weggefallenen ungewissen Anspruchs treten.

Es ist schon wiederholt darauf hingewiesen worden, daß die Lösung der Ungewißheit eines übernommenen Anspruchs in die Zukunft verschoben wird, und daß beim Wegfall desselben eine durch den Kaufpreis nicht gedeckte Hypothek nur dann definitiv zu übernehmen ist, wenn die Forderung dann noch besteht. Wenn es nun nicht unmöglich ist, daß der zunächst leer ausgegangene Hypothekengläubiger inzwischen doch Befriedigung wegen seiner Forderung erlangt hat, so zeigt sich, daß zu dem Zeitpunkt, zu welchem die bedingte Anweisung verlautbart wird, nicht übersehen werden kann, welche Forderung beim Wegfall des ungewissen Anspruchs vom Käufer übernommen werden muß. Jede ungedeckte Hypothek, sowie die Forderung des bisherigen Eigenthümers auf den durch die Oblasten nicht absorbirten Kaufpreis, die in dieser Beziehung wie eine an letzter Stelle eingetragene Hypothek behandelt wird[1]), kann möglicherweise vom Käufer übernommen werden müssen. Hieraus ergiebt sich, daß der die bedingte Anweisung betreffende Eintrag einen bestimmten, bedingt berechtigten Gläubiger gar nicht nennen kann. Wollte er aber alle möglicherweise in Frage kommenden Gläubiger namhaft machen, so würde dies in vielen Fällen die Uebersichtlichkeit ungemein erschweren, zumal da auch der Betrag der eventuellen Forderung keineswegs feststeht und nur im Maximum bestimmt ist, durch die Höhe des ungewissen Anspruchs. Es ist daher sehr zweckmäßig gewesen, wenn die AVO. in § 42 für den in Rede stehenden Eintrag die Form des Blankets gewählt hat, welches wegen der Bezeichnung des Gläubigers auf den Inhalt des Vertheilungsplans Bezug nimmt.

> „Für den Fall, daß der unter Nr. . . . eingetragene Anspruch aus einem andern Grunde als in Folge Befriedigung[2]) seiten des Eigenthümers des Grundstücks ganz oder zum Theil in Wegfall kommt, tritt an Stelle des hinwegfallenden Betrags bis zu dessen Höhe ein im Vertheilungsplan bedingt angewiesener An-

---

[1] Schurig, a. a. O. Bem. zu § 167 S. 265.

[2] In welchem Sinne diese nicht ganz correcte Ausdrucksweise zu fassen ist, darüber s. oben § 4 unter I.

spruch mit dem dem Zeitpunkte des gegenwärtigen Eintrags entsprechenden Range."

Es ist übrigens nicht zu verkennen, daß der Gesetzgeber mit Zulassung eines solchen Blanketeintrags sich von dem Princip der Specialität der Hypothek entfernt (vgl. § 137 der VO., das Verfahren in nichtstreitigen Rechtssachen betr., vom 9./I. 1865).

Das weitere Schicksal der bedingten Anweisung.

§ 6.

a) Sie tritt nicht in Wirksamkeit.

Die einen in Anrechnung auf den Kaufpreis übernommenen Anspruch betreffende Ungewißheit kann sich in dem Sinne lösen, daß die Haftbarkeit des Grundstücks für denselben gewiß wird. Damit fällt aber die Bedingung weg, unter welcher der Ersteher die Forderung des Nachhypothekariers, bezw. des Schuldners zu übernehmen verpflichtet war, und mit dem Wegfall der Bedingung kommt das Recht der letzteren selbst in Wegfall.

Begriffsmäßig erfordert der Wegfall der Bedingung nicht auch die Befriedigung des ungewissen, nunmehr gewiß gewordenen Anspruchs seiten des Erstehers. Die erfolgte Befriedigung hat, wie schon oben § 4, I. hervorgehoben, mit der Bedingung gar nichts zu thun. Es steht allein zur Frage, ob die Haftbarkeit des Grundstücks für den (früher) ungewissen Anspruch festgestellt worden ist oder nicht. Ist ersteres geschehen, so erlischt das bedingte Recht der Nachhypothekarier und des Schuldners, gleichviel, ob der Inhaber des ungewissen Anspruchs Befriedigung erlangt hat, oder nicht. Eine Folge des Erlöschens des bedingten Rechts jener aber ist es, daß sie fortan auch keinen Anspruch auf hypothekarische Sicherstellung ihres erloschenen Rechts mehr besitzen, daß der Käufer die hypothekenbücherliche Löschung der bedingten Anweisung zu fordern berechtigt ist.

Eine andere Frage ist die, ob das Verfahren ein anderes ist, wenn der Käufer Löschung der bedingten Anweisung wegen Nichteintritts der Bedingung oder aber mit dem weiteren Anführen, er habe den Inhaber der in erster Linie übernommenen Hypothek befriedigt, die Löschung derselben nebst Löschung der bedingten Anweisung fordert.

Von diesen beiden Fällen hat das Gesetz und die AVO. nur den letzteren geregelt. Er soll deshalb zunächst erörtert werden.

II. Es wird nicht überflüssig sein, der leichteren Orientirung halber vorher kurz an den Stand der Sache zu erinnern.

Das Zwangsversteigerungsverfahren ist geschlossen. Der Käufer ist im Grundbuch eingetragener Eigenthümer des versteigerten Grundstücks. In Rubrik III. des dasselbe betreffenden Foliums ist neben etwaigen anderen übernommenen Hypothekforderungen der ungewisse Anspruch und nach jenen die bedingte Anweisung verlautbart. Der Käufer hat den Inhaber des ungewissen Anspruchs (um den einfachsten Fall zu nehmen) durch Auszahlung des Betrags seiner Forderung befriedigt.

Wäre nun die bedingte Anweisung nicht da, so würde er der Hypothekenbehörde mit seinem Löschungsantrag nur die in beglaubigter Form vorliegende Quittung und Löschungsbewilligung seines Gläubigers zu unterbreiten haben, um alsbald die Löschung kraft Beschlusses des Grund- und Hypothekenrichters zu erlangen.

Das Vorhandensein der (im Hypothekenbuch verlautbarten) bedingten Anweisung schließt dagegen jede Cognition des Hypothekenrichters aus. Derselbe ist auch dann zu Fassung einer selbstständigen Entschließung unzuständig, wenn ihm gegenüber der Nachweis vom Wegfall des bedingten Rechts der Nachhypothekarier geführt, z. B. bezüglich eines in Kraft vorläufiger Vollstreckung eingetragenen Anspruchs ihm nachgewiesen würde, daß die zu Grunde liegende Entscheidung rechtskräftig geworden ist. Die Constatirung der Thatsache, daß die Bedingung weggefallen ist, und die hierdurch bedingte endgültige Regelung der Rechte der Betheiligten kann nur durch das Vollstreckungsgericht mittels Nachtrags zum Vertheilungsplan geschehen.

Zu diesem Zwecke hat der Käufer, der den „ungewissen Anspruch“ befriedigt hat, mit dem Antrag auf Anordnung des Erforderlichen sich an das Vollstreckungsgericht zu wenden.

Falls er aber seine bezüglichen Anträge der Hypothekenbehörde überreicht hat, so hat diese dieselben unverzüglich an das Vollstreckungsgericht abzugeben (AVO. § 40. Abs. 3).

Der Vollstreckungsrichter prüft zunächst, ob die Voraussetzungen, unter welchen die bedingte Anweisung nicht in Wirksamkeit tritt, im Allgemeinen vorliegen und hat eventuell den Antragsteller zur Ergänzung seines Antrags und, dafern dies zur Klarlegung des Sachverhalts erforderlich scheint, zur Beibringung von Belegen für den Nichteintritt der Bedingung anzuhalten. Zweckmäßigerweise wird in allen Fällen mindestens zu erfordern sein die Quittung des Gläubigers, sowie die Angabe des Grundes des Wegfalls der Bedingung.

Dafern der Antrag nicht aus irgend einem Grunde unstatthaft ist, hat nunmehr das Vollstreckungsgericht die in der bedingten Anweisung Bedachten zu hören.

Da dieses „Hören" den Zweck hat, den bedingt Berechtigten Gelegenheit zur Erhebung etwaiger Widersprüche zu geben, so muß denselben auch die Möglichkeit geboten sein, sich über das Sachverhältniß, insbesondere über den Grund, aus welchem der Wegfall ihres bedingten Rechts gefolgert wird, zu informiren. Wollte man ihnen diese Möglichkeit versagen, so wäre das Gehör eine überflüssige leere Form. Es hieße aber ihnen thatsächlich diese Möglichkeit nehmen, wären sie behufs ihrer Information lediglich auf den außergerichtlichen Verkehr mit dem Käufer und dem Inhaber des ungewissen Anspruchs (ihren geborenen Gegnern!) beschränkt.

Diese Erwägung ergiebt — wiewohl dies ausdrücklich im Gesetz oder der AVO. dazu nicht hervorgehoben worden ist — die Nothwendigkeit für den Vollstreckungsrichter, vom Antragsteller eine Darlegung des Grundes seines Anspruchs auf Löschung zu erfordern.

III. Für das „Gehör" der bedingt Berechtigten schreibt § 40 Abs. 4 der AVO. Zustellung des gestellten Antrags an dieselben unter Einräumung einer höchstens zweiwöchigen Erklärungsfrist vor.

Der Zustellung der dem Antrag etwa beigegebenen Belege (Quittungsurkunde und sonstige zur Klarlegung des Sachverhältnisses dienlicher Unterlagen) bedarf es sonach nicht; statt der Zustellung genügt der Hinweis darauf, daß dieselben sich zur Einsicht für die Betheiligten bei den Acten auf der Gerichtsschreiberei befinden.

Wird seiten der bedingt Berechtigten Widerspruch gegen die angestrebte Löschung des ungewissen Anspruchs nebst der bedingten Anweisung erhoben und werden Rechte auf den betreffenden Kaufpreistheil geltend gemacht,[1] so hat das Vollstreckungsgericht ein gütliches Verhör anzuberaumen und den Antragsteller und die Widersprechenden — je nach Lage der Sache auch den befriedigten Inhaber des ungewissen Anspruchs — hierzu vorzuladen, und wenn sich die entstandenen Differenzen in diesem Termin auf gütlichem Wege nicht beseitigen lassen, so hat es den Antragsteller auf den Rechtsweg zu verweisen. Dieser muß alsdann im Wege des ordentlichen Prozesses den Widerspruch beseitigen, ehe das Verfahren vor dem Vollstreckungsgericht seinen Fortgang nehmen kann.

Sind keine Widersprüche während der nachgelassenen Frist erhoben

---

[1] Durch formlose Schrift oder zu Protokoll des Gerichtsschreibers, vgl. § 48 der Subh.-Ordn.

worden, oder sind die erhobenen Widersprüche, sei es im gütlichen Verhör, sei es durch rechtskräftig gewordenes Urtheil erledigt und beseitigt, so giebt der Vollstreckungsrichter einen Nachtrag zum Vertheilungsplane, in welchem er unter Bezugnahme auf den wesentlichen Inhalt des Sachstandes constatirt, daß die im Vertheilungsplan enthaltene bedingte Anweisung nicht in Wirksamkeit getreten ist, und demgemäß die Löschung des ungewissen Anspruchs und der bedingten Anweisung anordnet.[1]

IV. Der Nachtrag ist zu verkünden.

Es gilt hierfür dasselbe, was § 43 der AVO. für einen ähnlichen Fall bestimmt. Die Verkündung erfolgt in einem durch Beschluß anzuberaumenden Termin, von welchem sämmtliche Betheiligte (Grundstückseigenthümer, befriedigter Gläubiger und die bedingt Berechtigten) durch Zustellung des Beschlusses in Kenntniß zu setzen sind.

Der Nachtrag ist durch das Rechtsmittel der Beschwerde anfechtbar. Selbstverständlich kann die Beschwerde eines bedingt Berechtigten nicht auf ein Recht gestützt werden, welches er in der ihm zugestandenen Widerspruchsfrist hätte geltend machen können, aber nicht geltend gemacht hat.

Hat er die rechtzeitige Geltendmachung eines Rechts auf den in Frage stehenden Kaufpreistheil verabsäumt, so ist er zwar mit diesem Rechte nicht definitiv präcludirt; es steht ihm aber nur noch der Weg der Klage gegen den Grundstückseigenthümer, bezw. den Inhaber des ungewissen Anspruchs offen. Dagegen wird durch nachträglichen Widerspruch die Löschung der bedingten Anweisung nicht weiter beeinträchtigt, er müßte denn rechtzeitig nach angestellter Klage vom Prozeßgericht eine einstweilige Verfügung erwirken.

Wenn der Nachtrag zum Vertheilungsplan rechtskräftig geworden ist, hat der Vollstreckungsrichter Amtswegen die Bewirkung der erforderlichen Löschungseinträge im Hypothekenbuche zu veranlassen (§ 40 Abs. 5 der AVO.).

V. Kaum bedarf es zum Schluß noch der Bemerkung, daß, falls die bedingte Anweisung sich ohne Befriedigung des Principalberechtigten da-

[1] Der Nachtrag wird also etwa folgenden Inhalt haben:

„Nachdem durch die beigebrachten Urkunden dargethan ist, daß der unter der Hypothekennummer eingetragene Anspruch des X. Y. an ..... M . Pf bei bestehender Haftbarkeit des Grundstücks für denselben dadurch in Wegfall gekommen, daß der Eigenthümer des Pfandgrundstücks den Gläubiger X. Y. durch Zahlung befriedigt hat, und da gegen diese Feststellung ein Widerspruch der Interessenten nicht (mehr) vorliegt, so steht nunmehr fest, daß die im Vertheilungsplane in Ansehung dieses Anspruchs enthaltene bedingte Anweisung nicht in Wirksamkeit getreten u. gegenstandslos geworden ist. Es ist deshalb nicht nur der obgedachte Anspruch an .. M .... Pf, sondern auch die bedingte Anweisung im Hypothekenbuche zu löschen.“

III. Der beim Vollstreckungsgericht[1] einzureichende oder zu Protokoll des Gerichtsschreibers erklärte Antrag hat den Grund anzugeben, der das Inwirksamkeittreten der bedingten Anweisung darthut. Außerdem sind entweder die urkundlichen Belege[2] hierfür beizulegen, oder mindestens die Herbeiziehung der einwilligenden Erklärung des Inhabers des ungewissen Anspruchs zu beantragen.[3] Letzteren Falles hat der Vollstreckungsrichter zunächst diese Erklärung herbeizuziehen und, dafern der Gläubiger sie abzugeben sich weigert, den Antragsteller abschlägig zu bescheiden und auf den Klagweg zu verweisen. Liegt aber der Verzicht dieses Gläubigers vor, d. h. sein Anerkenntniß, daß das Grundstück für den ungewissen Anspruch nicht haftet, so ist der Antrag den übrigen Betheiligten (s. o. unter I.) unter Einräumung einer höchstens zweiwöchigen Frist zur Erklärung zuzustellen. Das hier vorgesehene Gehör der Betheiligten verfolgt — wie zu erwähnen nicht überflüssig sein wird — nicht den nämlichen Zweck wie oben § 6 unter II a. E.; denn dort handelte es sich um das Verhältniß der bedingt berechtigten Nachhypothekarier und des Schuldners zu dem Principalberechtigten, dessen Recht das der ersteren ausschließen und beseitigen sollte; hier handelt es sich nur noch um das Verhältniß der ersteren untereinander. „Die Einwendungen der Betheiligten können in diesem Falle nur darauf sich beziehen, daß der im früheren Vertheilungsplan bedingt angewiesene Anspruch überhaupt oder wenigstens in der früheren Höhe nicht mehr bestehe" (Schurig, Bem. 4 zu § 140 S. 236). Denn das Rangverhältniß der bedingt angewiesenen Ansprüche untereinander, nach welchem sie, dafern nicht beachtliche Widersprüche etwas anderes erheischen, zur Deckung und Befriedigung gelangen, ist im Vertheilungsplan wenigstens für die Vergangenheit festgestellt dergestalt, daß nur aus einem Grunde, der erst nach Rechtskraft des Vertheilungsplanes eingetreten ist, eine Abänderuug der in diesem vorgesehenen Reihenfolge gefordert werden darf. Die Nichterhebung von Widersprüchen in der dazu bestimmten Frist gilt als das Einverständniß damit, daß es bei der im Vertheilungsplan angeordneten Reihenfolge bewende.

IV. Für den Fall, daß ein Widerspruch erhoben wird, ist auch hier (wie oben § 6 III.) der Versuch der Beseitigung desselben im Wege güt-

[1] Vgl. AVO. § 40 Abs. 3.

[2] Also entweder das urkundliche Anerkenntniß des Inhabers des ungewissen Anspruchs, daß das Grundstück für denselben nicht haftet (s. o. § 4 I.) oder aber ein rechtskräftiges Urtheil, welches die Haftbarkeit des Grundstücks für den ungewissen Anspruch verneint.

[3] Freilich kann das Vollstreckungsgericht den Inhaber des ungewissen Anspruchs weder zum Erscheinen an Gerichtsstelle, noch zur Abgabe der Verzichtserklärung zwingen.

lichen Verhörs vom Vollstreckungsgericht zu machen, und falls dieser Versuch scheitert, so hat das Vollstreckungsgericht dem Antragssteller die Austragung der Differenz im Wege des ordentlichen Processes anheim zu geben und das Nachverfahren bis zum rechtskräftigen Austrage zu unterbrechen. Einen Nachtrag zum Vertheilungsplan kann er nicht geben. Anderer Meinung ist Schurig, a. a. O. S. 236 u. vbs.: „Entstehen hierunter Streitigkeiten, so kann hierdurch die Ertheilung des Nachtrags nicht aufgehalten werden. Es ist vielmehr solchenfalls der Bestimmung in § 21 Abs. 3 gemäß zu verfahren."

Dem steht aber Folgendes entgegen. § 21 Abs. 3 der Subh.-Ordn. bezieht sich nur auf Widersprüche, die im „Versteigerungsverfahren" im engern und eigentlichen Sinne, welches mit dem Vertheilungsplan seinen Abschluß erreicht, erhoben werden. Die Motive (Schurig, a. a. O. S. 91) sprechen sich hierüber dahin aus: „Mit Rücksicht auf die Interessen der anderen am Fortgang des Verfahrens betheiligten Gläubiger darf indessen die Abwickelung des Versteigerungsgeschäfts solcher Differenzen halber nicht aufgehalten werden," und aus diesem Grunde ist die vorläufige Berücksichtigung solcher bestrittener Ansprüche im Vertheilungsplan angeordnet worden. § 140 der Subh.-Ordn. wahrt andererseits die Interessen der Bestreitenden, die durch Berücksichtigung des bestrittenen Anspruchs benachtheiligt werden, durch seine Bestimmung über die bedingte Anweisung.

Auf den vorliegenden Fall trifft aber weder der Grund noch der Zweck der Vorschrift des § 21 Abs. 3 zu. Das Versteigerungsgeschäft ist längst erledigt, die Verzögerung desselben steht nicht mehr in Frage. Die Interessen der Betheiligten würden auch durch Ertheilung eines Nachtrags nicht im mindesten gefördert werden, denn hier sind nur noch Forderungsprätendenten betheiligt.

Jeder der Betheiligten verlangt auf den übernommenen Anspruch angewiesen zu werden. Würde ein Nachtrag gegeben, so könnte derselbe nur wieder in Form einer bedingten Anweisung ertheilt werden (vgl. Schurig, a. a. O. Bem. 2 zu § 162 S. 260), und damit wäre die erstrebte Lösung der Ungewißheit wieder hinausgeschoben. Deshalb erscheint die analoge Anwendung von § 21 Abs. 3 der Subh.-Ordn. für den vorliegenden Fall ausgeschlossen.

Viel einfacher gestaltet sich die Sache, wenn die Streitenden auf den Rechtsweg verwiesen werden.[1] Auf Eine Klage kann das endgültige Rang-

[1] Weil der Antrag auf Ertheilung des Nachtrags zur Zeit der obschwebenden Differenzen halber noch nicht spruchreif ist.

verhältniß rechtskräftig festgestellt und damit die endgültige Vertheilung des Versteigerungserlöses unter die Betheiligten vorbereitet werden. Denn in dem hierunter entstehenden Streit handelt es sich nur darum, ob eine nach den Festsetzungen des Vertheilungsplans den übrigen an sich vorgehende Forderung nachmals ganz oder theilweise zum Erlöschen gekommen und deshalb von fernerer Berücksichtigung ausgeschlossen ist.[1]

Hierzu ist noch Folgendes zu erwägen. Das Nachverfahren wird eingeleitet durch einen Antrag, zu dessen Erledigung es dienen soll. Stellt z. B. der Grundstückseigenthümer den Antrag, so verfolgt er zweifellos mit demselben den Zweck, die Hypothekenverhältnisse seines Grundstücks klar zu stellen. Dieser Zweck wird aber zweifellos nicht erreicht, wenn er statt des einen ungewissen Anspruchs nebst bedingter Anweisung einen andern ungewissen Anspruch mit bedingter Anweisung erlangt. Genau so steht es, wenn einer der bedingt Angewiesenen den Antrag stellt. Er will natürlich ein unbedingtes Recht erlangen; dies geschieht aber nicht. So würde bei Ertheilung eines Nachtrags ein Zustand geschaffen, der weder den Absichten der Betheiligten entspricht, noch dem von Schurig, Bem. 3 zu § 140 S. 236 betonten Interesse an der Bereinigung des Hypothekenbuchs Genüge leistet.

V. Sind in der zweiwöchigen Frist (s. o. III.) keine Widersprüche erhoben gegen die Ausführung des Vertheilungsplans in Ansehung der Höhe und Reihenfolge, in welcher die bisher unbefriedigt gebliebenen Betheiligten auf den freigewordenen Kaufpreistheil anzuweisen sind, oder haben sich die Betheiligten hierüber anderweit gütlich geeinigt, oder ist endlich die bezügliche Feststellung durch rechtskräftiges Urtheil erfolgt, so hat nunmehr das Vollstreckungsgericht einen Nachtrag zum Vertheilungsplan aufzustellen, in welchem

1) der Wegfall des ungewissen Anspruchs und die Höhe des weggefallenen Betrags festzustellen,

2) auf diesen Betrag, soweit derselbe reicht, die bisher unbefriedigt gebliebenen, ihrem Umfang nach gleichfalls festzustellenden Ansprüche (event. auch der des früheren Eigenthümers, vgl. oben § 5 bei Note 1) in der maßgebenden Reihenfolge anzuweisen,

3) die erforderlichen Verlautbarungen im Grundbuch anzuordnen sind.

Hierbei ist noch Folgendes zu beachten:

zu 1. Maßgebend ist allein der in A n r e c h n u n g a u f d e n K a u f-

[1] s. o. unter III.

preis übernommene Betrag, also der Stammbetrag des ungewissen Anspruchs.

Für die Frage, welcher Betrag weggefallen und in welcher Höhe an dessen Stelle ein anderer Betrag als Stammschuld zu übernehmen ist, ist es gleichgültig, ob der ungewisse Anspruch verzinslich oder unverzinslich ist. Dagegen ist diese Frage

zu 2 von Bedeutung. Denn (abgesehen von anderweiter vertrags- oder urtheilsmäßiger Feststellung) vom Ersteher ist an Stelle des weggefallenen ungewissen Anspruchs bis zur Höhe desselben diejenige unbefriedigt gebliebene Forderung zu übernehmen, welche im Range unmittelbar hinter den durch den Kaufpreis gedeckten Ansprüchen folgt. Die Höhe dieser Forderung zur Zeit der Uebernahme seiten des Erstehers zu bestimmen, bedarf es, wenn sie eine verzinsliche ist, der Festsetzung des Zeitpunkts der Uebernahme, bis zu welchem die rückständigen Zinsen derselben zu berechnen sind. War aber der weggefallene Anspruch ein unverzinslicher und deshalb gemäß § 18 Abs. 2 der Subh.-Ordn. vom Ersteher mit 5% zur Kaufgeldermasse zu verzinsen, so sind diese Zinsen zur theilweisen Tilgung der Forderung zu verwenden gewesen, welche für die anderweite Schuldübernahme in erster Linie in Betracht kommt.[1] Letztere vermindern sich also um den Betrag dieser Zinsen. Auch hier bedarf es deshalb, um die Berechnung zu ermöglichen, der Festsetzung eines Endtermins, bis zu welchem diese Zinsen zu bezahlen sind. Es ist nun zweifellos, daß die Verbindlichkeit des Erstehers zur Zinszahlung wegfällt, wenn die Forderung, bezüglich deren sie besteht, wegfällt und an ihrer Stelle eine andere von ihm übernommen wird.[2] Zur Bestimmung des also auch hierfür maßgebenden Zeitpunkts der anderweiten Schuldübernahme gebricht es an einer ausdrücklichen Gesetzesvorschrift. § 143 Abs. 1 der Subh.-Ordn. schlägt hier nicht ein.[3] In Betracht können nur kommen entweder die Verkündung des Nachtrags, welcher die anderweite Schuldübernahme anordnet, oder die Rechtskraft dieses Nachtrags oder aber endlich die hypothekenbücherliche Verlautbarung der anderweiten Schuldübernahme auf Grund des rechtskräftigen Vertheilungsplansnachtrages. Schurig (Bem. 2 zu § 162 S. 259. 260) entscheidet sich für den letzten Termin. Allein wenn man erwägt, daß die Berechnung des Betrags der zu übernehmenden Schuld bei der Abfassung des Vertheilungsplansnachtrages geschehen, daher zu dieser Zeit der Schuldübernahmetermin bekannt sein muß, daß aber weder

[1] Vgl. hierüber Schurig, Bem. zu § 18 S. 86 f., insbes. Bem. 4.

[2] Obgleich in § 18² l. c. dieses Falles nicht gedacht wird.

[3] Vgl. oben § 2 unter IV.

die Zeit der Rechtskraft des Nachtrags,[1] noch die Zeit des künftigen Hypothekenbucheintrags vorher mit Sicherheit sich bestimmen lassen, so wird man mit Nothwendigkeit zur Annahme des Verkündungstermins als des maßgebenden Zeitpunkts gedrängt, vorausgesetzt natürlich, daß der Nachtrag die Rechtskraft erlangt. Zu einem völlig befriedigenden Ergebniß führt freilich auch diese Annahme nicht; s. Note 2 am Schluß.

Die hiernach aufzunehmende Rechnung ist nicht schwierig, kann aber dann verwickelt werden, wenn die vom Ersteher nach § 18 Abs. 2 der Subh.-Ordn. zu zahlenden Zinsen mehr betragen, als die Zinsen der nachträglich zur Befriedigung gelangenden Forderung, weil diesfalls durch die Zinsen des § 18[2] nicht nur diese völlig gedeckt werden, sondern auch ein Theil der Stammforderung befriedigt wird. Vgl. hierüber das Beispiel in Note 2.

---

[1] Wegen der Möglichkeit, daß der Eintritt derselben durch — erfolglose — Beschwerde hinausgeschoben wird. Hätte die Beschwerde Erfolg, so würde der Nachtrag sowieso hinfällig werden.

[2] Beispiel:

Versteigerungstermin 1. Juni 1885. Nach den Kaufbedingungen wird eine Cautionshypothek des Fiscus wegen etwaiger Ansprüche gegen den Kassenbeamten A. aus dessen Kassenverwaltung im Betrage von 3000 ℳ — ₰ in Anrechnung auf den Kaufpreis übernommen. Leer ausgehen

1) die Darlehnungsforderung des X. an 1500 ℳ — ₰ mit Zinsen zu 4 % seit Versteigerungstermin und 75 ℳ — ₰ rückständigen Zinsen,
2) Darlehnsforderung des Y. an 1000 ℳ — ₰ mit Zinsen zu 5 % seit Versteigerungstermin und 25 ℳ — ₰ rückständigen Zinsen.

X., Y. und eventuell der frühere Eigenthümer werden wegen ihrer Forderungen bedingt angewiesen auf obige 3000 ℳ — ₰.

Es wird vereinbart, daß der Ersteher die 5 % Zinsen der 3000 ℳ — ₰ halbjährlich zur Gerichtskasse einzahlt.

Die erste Rate erhält X. am 1. December 1885, bleibt für ihn die Forderung von 1500 ℳ mit 4 % Zinsen seit 1./6. 85. Die zweite Rate erhält er am 1./6. 86. Zu dieser Zeit betrug seine Forderung 1500 ℳ Stamm, 60 ℳ — ₰ Zinsen vom 1./6. 85—1./6. 86, nach Abzug der 75 ℳ — ₰ nur noch 1485 ℳ — ₰ Stamm mit 4 % seit 1./6. 1886. Die dritte Rate erhält er am 1./12. 86. Zu diesem Zeitpunkt betrug die Forderung 1485 ℳ und 29 ℳ 70 ₰ (4 % Zinsen davon vom 1./6.—1./12. 86), nach Abzug der 75 ℳ — ₰ aber nur 1439 ℳ 70 ₰ mit 4 % Zinsen seit 1./12. 86.

Anfang 1887 stirbt A. Es ergiebt sich, daß der Fiscus gegen ihn keine Ansprüche hat. Es kommt zum Nachverfahren zwecks Uebernahme der bedingt angewiesenen Ansprüche. Der Nachtrag wird am 1. Juni 1887 verkündet. Bis zu diesem Tage hat der Ersteher noch die 5 % Zinsen auf die 3000 ℳ zu bezahlen. Die Forderung des X. beträgt an diesem Tage

1439 ℳ	70 ₰	Stamm und
28 „	80 „	Zinsen davon vom 1./12. 86—1./6. 87.
1468 ℳ	50 ₰	

und nach Abzug der 75 ℳ, die der Ersteher einzahlt, 1393 ℳ 50 ₰ nebst weiteren Zinsen zu 4 % seit dem 1./6. 87.

Es erübrigt hiernächst noch des Falles zu gedenken, daß der weggefallene ungewisse Anspruch verzinslich war, z. B. eine in Kraft vorläufiger Vollstreckung eingetragene Wechselforderung von 1000 Mk. —. nebst 6% Verzugszinsen, bezüglich deren die Klage nach Ueberleitung des Verfahrens in den ordentlichen Prozeß in letzter Instanz abgewiesen worden ist.

In diesem Fall hat der Ersteher lediglich die Zinsen an den im Hypothekenbuch genannten Gläubiger zu bezahlen;[1] dem nachmals zur Befriedigung gelangenden, zunächst leer ausgegangenen Gläubiger steht ein Anspruch auf Heranziehung dieser Zinsen zur theilweisen Tilgung seiner Forderung selbst dann nicht zu, wenn der Ersteher jenem Gläubiger Zinsen nicht gezahlt hat. Ob sich für den früheren Eigenthümer des Grundstücks rücksichtlich solcher nicht gezahlten Zinsen ein Anspruch gegen den Ersteher construiren ließe, kann hier unerörtert bleiben. Auf die hier in Frage stehende Berechnung der Höhe der zu übernehmenden Gläubigerforderung ist dies einflußlos.

Diesen Betrag hat der Ersteher zuuächst noch zu übernehmen; außerdem aber zur Erfüllung des weggefallenen Betrags der 3000 ℳ — ₰ weitere 1606 ℳ 50 ₰. Mit diesem Betrag gelangt Y. zur Befriedigung. Seine Forderung beträgt am 1./6. 87

1000 ℳ Stamm,
100 „ Zinsen vom 1./6. 85—1./6. 87,
25 „ frühere Zinsen
1125 ℳ sammt ferneren Zinsen zu 5% von 1000 ℳ seit dem 1. Juni 1887.

Der Ersteher übernimmt deshalb

a) 1000 ℳ — ₰ Darlehnsforderung des Y. nebst 5% Zinsen,
b) 125 „ — „ rückständige Zinsen auf diese Forderung.

Zur Erfüllung der 3000 ℳ — ₰ bleibt mithin noch ein Rest von 481 ℳ 50 ₰, auf welchen der frühere Grundstückseigenthümer anzuweisen ist.

Für diese 481 ℳ 50 ₰ sowie für die 125 ℳ rückständige Zinsen des Y. hat der Ersteher wiederum nach § 18 Abs. 2 der Subh.-Ordn. 5% Zinsen zur Erstehungsgeldermasse zu zahlen, welche im Mangel von noch zu befriedigenden hypothekarischen Gläubigern dem früheren Eigenthümer auszuzahlen (vgl. das Folgende im Texte und Anm., sowie Schurig, Bem. 2 zu § 162 S. 260).

Freilich tritt die Haftbarkeit des Grundstücks für die Zinsen der anderweit übernommenen Beträge von 1393 ℳ 50 ₰ und 1000 ℳ — ₰ erst mit dem Tage des bezüglichen Hypothekenbucheintrags ein. Es haftet also das Grundstück für die Zinsen auf die Zeit vom 1. Juni 1887 bis zum Tage des Eintrags nicht (Siegmann, Hyp.-Ordn. S. 106). Wollte man aber den Tag des Eintrags als Stichtag gelten lassen, so würden sich noch viel größere Unzuträglichkeiten herausstellen; vielfach würde die Berechnung im Vertheilungsplansnachtrag ganz unmöglich sein.

[1] Vgl. § 18 Abs. 1 der Subh.-Ordn.

Letztere besteht diesfalls noch aus dem Stammbetrag und den im Versteigerungsverfahren angemeldeten Zinsen (soweit sie innerhalb der in § 4 der Subh.-Ordn. gezogenen Grenzen sich halten), etwaigen Kosten, sowie den ferneren seit dem Versteigerungstermin aufgelaufenen Zinsen.[1]

Wenn der Betrag der zu übernehmenden Forderung festgestellt worden ist, so ist auf den weggefallenen Betrag bis zur Höhe desselben zunächst der Betrag der rückständigen bis zum Tag der Uebernahme berechneten Nebenforderungen (Zinsen, Kosten), darnach erst der Stammbetrag nebst ferneren Zinsen anzuweisen.[2]

Wird durch diese Forderung der weggefallene Betrag noch nicht absorbirt, so ist in gleicher Weise mit den folgenden ungedeckt gebliebenen Ansprüchen zu verfahren, eventuell der Rest dem früheren Grundstückseigenthümer zuzuweisen.

VI. Rücksichtlich der Verkündung des Nachtrags zum Vertheilungsplan, der Anfechtbarkeit desselben durch Beschwerde und seiner Ausführung durch Requisition an die Hypothekenbehörde behufs Bewirkung der erforderlichen Einträge gilt entsprechend das bereits oben § 6 IV. Gesagte. Der weggefallene ungewisse Anspruch ist im Hypothekenbuch zu löschen und die an Stelle desselben tretenden Einträge von Forderungen sind mit dem Vermerk zu versehen, daß ihr Rang sich nach dem die bedingte Anweisung betreffenden Eintrag bestimmt. Sind mehrere Forderungen anderweit zu übernehmen, so erhält jede einen besonderen Eintrag. Untereinander rangiren sie in der Reihenfolge der sie betreffenden endgültigen Einträge — sie haben aber nicht gleichen Rang unter einander.[3]

VII. Bisher ist immer vorausgesetzt worden, daß der ungewisse Anspruch seinem gesammten Umfang nach entweder wegfällt oder gewiß wird. Selbstverständlich liegt die Möglichkeit vor, daß er theilweis gewiß wird,

---

[1] Ist die Forderung nur theilweise leer ausgegangen, so besteht sie natürlich nur noch aus dem Stammrest mit Zinsen seit dem Versteigerungstermin. Aeltere Zinsen und etwaige Kosten sind dann gedeckt (vgl. § 13 Z. 2. § 14 Z. 1 der Subh.-Ordn.).

[2] § 977 S. 2 des B.G.B. und Schurig, Bem. zu § 162 S. 259. Auf den Kaufpreis angerechnet werden die (kapitalisirten, aber unverzinslichen) Zinsen- und Kostenrückstände und der Stammbetrag der Forderung, dagegen nicht die künftig fällig werdenden Zinsen. Die ersteren sind — als in Anrechnung auf den Kaufpreis übernommene unverzinsliche Schuld — gemäß § 18 Abs. 2 der Subh.-Ordn. vom Ersteher wiederum mit 5% zur Kaufgeldermasse zu verzinsen und die Zinsen zur antheiligen Befriedigung ungedeckt gebliebener Hypothekengläubiger zu verwenden. Dies ist im Nachtrag zum Vertheilungsplan mit auszusprechen.

[3] Sie müßten denn bereits vor der Versteigerung mit gleichem Rang eingetragen gewesen sein.

zu einem andern Theil aber wegfällt.[1] In einem solchen Fall ist das in den §§ 6 und 7 dargestellte Verfahren zu combiniren.

Weiter ist bisher davon ausgegangen worden, daß nur ein ungewisser Anspruch in Betracht kommt. Es ist aber auch möglich, daß unter den zunächst leer ausgegangenen Forderungen, die bedingt angewiesen worden sind, selbst wieder ungewisse sich befinden, oder daß mehrere in Anrechnung auf den Kaufpreis übernommene Ansprüche ungewiß sind.[2] Das in § 6 dargestellte Verfahren wird hierdurch nicht berührt. Von Einfluß ist es dagegen auf den in diesem Paragraphen behandelten Fall. Befindet sich nämlich unter den bedingt angewiesenen Ansprüchen ein ungewisser, der nachträglich zur definitiven Befriedigung gelangen würde, dafern er nicht ungewiß wäre, so ist zwar der definitive Eintrag desselben im Nachtrag zum Vertheilungsplan gleichfalls, wie vorstehend dargestellt, anzuordnen, aber gleichzeitig eine neue bedingte Anweisung auszusprechen, vermöge deren für den Fall, daß die Haftbarkeit des Grundstücks für diesen ungewissen Anspruch ganz oder theilweise in Wegfall kommt, an Stelle des hinwegfallenden Betrags bis zu dessen Höhe diejenigen namhaft zu machenden Forderungen treten, welche auch jetzt noch ungedeckt bleiben. Für diese neue bedingte Anweisung, deren Eintrag ins Hypothekenbuch u. dergl. gelten dieselben Grundsätze, wie sie oben in §§ 3—5 erörtert worden sind, und die Lösung der diesen ungewissen Anspruch betreffenden Ungewißheit erfolgt wiederum nach den in §§ 6 u. 7 dargestellten Regeln.

---

§ 8.

Das Auszahlungsrecht des Erstehers in Ansehung der übernommenen ungewissen Schuld.

I. Es ist schon wiederholt darauf hingewiesen worden[3] und entspricht dem Wesen der vom Ersteher übernommenen Verpflichtung,[4] daß derselbe, falls er den Inhaber eines von ihm in Anrechnung auf den Kaufpreis übernommenen, ungewissen Anspruchs befriedigt, den auf diesen Betrag bedingt Angewiesenen gegenüber die Verantwortung dafür trägt, daß die

---

[1] z. B. wenn bei einer Cautionshypothek bei Lösung des unterliegenden Rechtsverhältnisses sich für den Gläubiger Ansprüche ergeben, die die Cautionssumme nicht erreichen.

[2] Letzterer Fall bietet keine weiteren Besonderheiten, als daß sich bezüglich jedes der ungewissen Ansprüche das in §§ 6 bezw. 7 dargestellte Verfahren nothwendig machen kann. Wenn auch mehrere ungewisse Ansprüche übernommen werden, so ist doch nur eine bedingte Anweisung vorhanden, vgl. § 42 Abs. 5 der AVO.

[3] Vgl. oben § 4 S. 16 und 20. [4] Vgl. oben § 4.

Haftbarkeit seines Grundstücks für die ausgezahlte Schuld zu Recht besteht.[1] Um diese Verantwortung übernehmen zu können, müßte er das sachlich ihm fremde Schuldverhältniß sorgfältig prüfen, und es auf die Haftbarkeit des Grundstücks für die Schuld hin in thatsächlicher und rechtlicher Beziehung zu prüfen in der Lage sein. Sehr häufig wird ihm in der einen oder der anderen Beziehung die Fähigkeit zur Prüfung abgehen, um so gewisser, als aus den vorstehenden Ausführungen erhellt, daß es sich hierbei keineswegs immer um einfache Rechtsverhältnisse und Rechtsfragen handelt. Es erscheint daher als eine Pflicht der Billigkeit, den Ersteher gegen die Gefahr zu sichern, daß aus der Uebernahme eines ungewissen Anspruchs für ihn unentwirrbare Verwickelungen erwachsen, die ihn zu Schaden bringen können. Dieser Billigkeitsforderung wird durch die Vorschrift in § 19 der Subh.-Ordn. entsprochen, welche bestimmt, daß in Ansehung desjenigen Theils des Kaufpreises, der durch Uebernahme einer ungewissen hypothekarischen Schuld zu gewähren ist, der Ersteher sich von seiner Schuld durch Zahlung an die Gerichtskasse befreien kann.

II. Dieses Auszahlungsrecht des Erstehers rücksichtlich einer übernommenen ungewissen Schuld ist nicht unter den Gesichtspunkt der Erfüllung durch gerichtliche Hinterlegung (§§ 756 ff., insbes. §. 750 des BGB.) zu bringen. Um die Erfüllung des durch Hypothek am Grundstück gesicherten ungewissen Anspruchs handelt es sich hier nicht und kann es sich nicht handeln. Hier ist vielmehr das Rechtsverhältniß folgendes: Durch Abschluß des Kaufs im Zwangsversteigerungsverfahren hat der Käufer die Verpflichtung zur Zahlung des Kaufpreises an den Verkäufer, das Gericht, unter den gesetzlichen bezw. vereinbarten Kaufsbedingungen übernommen. Kraft gesetzlicher Kaufsbedingung (§ 16 Abs. 1 der Subh.-Ordn.) hat er einen Theil des Kaufpreises dadurch zu gewähren, daß er diejenigen Schulden, welche mit dem Range vor der Forderung des betreibenden Gläubigers auf dem gekauften Grundstücke eingetragen sind, in bestimmtem Umfang in Anrechnung auf den Kaufpreis übernimmt. Diese Schuldübernahme bildet mithin die Erfüllung einer aus dem Kaufe sich ergebenden Verpflichtung des Käufers dem Verkäufer gegenüber.

Der § 19 der Subh.-Ordn. statuirt nun für bestimmte Fälle die Füglichkeit für den Käufer, eine solche Verbindlichkeit — statt durch Schuldübernahme — durch Baarzahlung zu erfüllen, gewährt mithin dem Ersteher ein sog. jus alternativum.[2]

---

[1] Motive zu § 19 der Subh.-Ordn. bei Schurig, a. a. O. S. 88.

[2] Oder facultas alternativa, vgl. Windscheid, Lehrb. der Pand., 5. Aufl., Bd. II. S. 16 f. § 255 Note 5 a. E.

In obligatione[1] ist nach den (gesetzlichen — vgl. § 16 Abs. 1 der Subh.-Ordn.) Kaufsbedingungen die Uebernahme einer fremden Schuld, in solutione ist daneben — falls die Schuld eine der im § 16 Abs. 2 der Subh.-Ordn. gedachten ist — die Baarzahlung des entsprechenden Kaufpreistheils an die Gerichtskasse.

Das Gericht kommt deshalb für dieses Auszahlungsrecht des Erstehers nicht, wie in den Fällen der §§ 756 ff. des BGB. als zur Annahme von Depositen bestimmte Verwaltungsbehörde, sondern als vertragschließende Partei in Betracht. Die Befreiung des Erstehers von seiner (Kaufpreis-) Schuld tritt ferner ein mit der Einzahlung des Geldes zur Gerichtskasse, nicht erst mit der Notifikation des Gerichts an die Betheiligten von der erfolgten Einzahlung (§ 756 S. 3 des BGB.).

III. Die Einzahlung des Betrags der übernommenen Schuld an die Gerichtskasse hat aber noch die fernere Wirkung, den Ersteher wegen aller Ansprüche, die aus der Schuldübernahme hergeleitet werden könnten, zu befreien.[2] Den Inhabern der im § 16 Abs. 2 der Subh.-Ordn. gedachten, sowie der bedingt angewiesenen Ansprüche wird das Grundstück als Mittel zur Befriedigung ihrer Ansprüche entzogen und es bleibt ihnen nur die Geltendmachung ihrer Rechte auf den eingezahlten Kaufpreistheil. Dies ist kein Eingriff in die Rechte hypothekarischer Gläubiger. Denn nach § 452 des BGB. hatte die Eintragung der Zwangsversteigerung zur Folge, daß damit sämmtliche auf dem Grundstück haftende Hypotheken zum Erlöschen gebracht wurden. Dieser Satz ist zwar durch die Subh.-Ordn. modificirt worden. Allein auch jetzt noch führt die Zwangsversteigerung regelmäßig (wenn auch nicht unmittelbar) zu dem Ergebniß, daß die der Forderung des betreibenden Gläubigers im Range nicht vorgehenden hypothekarischen Schulden wegfallen[3] und nur rücksichtlich der Vorhypotheken ist bestimmt, daß sie von der Zwangsversteigerung unberührt bleiben und

---

[1] Und zwar in der zwischen dem Käufer uud dem Gericht als Verkäufer bestehenden Obligation aus dem abgeschlossenen Kauf.

[2] Selbstverständlich ist dies für den Fall, daß die Gläubiger dem Vertrag des Gerichts mit dem Ersteher noch nicht beigetreten sind. Das Gericht als Verkäufer, dem der Käufer in dieser Beziehung zunächst sich verpflichtet hatte, kann nach Ausübung des Einzahlungsrechts vom Ersteher die Uebernahme und Vertretung jener Schulden nicht mehr fordern; hat aber die Gebundenheit des Willens des Käufers dem Gericht gegenüber aufgehört, so können nunmehr aus dem pactum in favorem tertii auch die Dritten keine Rechte mehr erwerben. Vgl. Ann. des vorm. OAG. N. F. Bd. V. S. 427. 121. Zeitschr. f. Rechtspfl. u. Verw. Bd. XXI. S. 303. Der vertragsmäßigen Liberirung des Promittenten durch den Promissar steht die gesetzliche gleich.

[3] In Folge Zahlung nach der Zwangsversteigerung bezw. in Folge der Zwangsversteigerung, vgl. § 171 der Subh.-Ordn. § 46 der AVO.

vom Ersteher in Anrechnung auf den Kaufpreis übernommen werden müssen. Für letztere Bestimmung enthält aber § 19 der Subh.=Ordn. eine Ausnahme: Statt der Uebernahme des vorgehenden ungewissen Anspruchs darf der Ersteher Baarzahlung leisten. Er zahlt aber nicht die Hypothek aus, sondern zahlt einen Theil des Kaufpreises,[1] gleichwie die ihm nach § 13 Z. 4 und 5 der Subh.=Ordn. obliegenden Zahlungen nicht die Bezahlung der Forderungen der Hypothekengläubiger sind, sondern die Bezahlung seiner Kaufpreisschuld.[2]

IV. Das Auszahlungsrecht steht dem Ersteher so lange zu, als der von ihm übernommene Anspruch noch „ungewiß“ ist; es erlischt daher erst, wenn die auf seinem Grundstück eingetragene bedingte Anweisung erledigt ist.[3]

Das Verfahren, in welchem es geltend zu machen ist, wird unten (§ 10) seine Darstellung finden. Zunächst sind noch

1) die Höhe des vom Ersteher zur Gerichtskasse einzuzahlenden Betrages[4] und

2) die materiell=rechtlichen Wirkungen der Einzahlung zu erörtern.

Zu 1: Der § 19 der Subh.=Ordn. giebt dem Ersteher die Wahl zwischen Uebernahme einer hypothekarischen Schuld (die er nach Maßgabe des Hypothekenbuchs an den Gläubiger oder mit 5% zur Kaufgeldermasse zu verzinsen hat — § 18 l. c.) oder Baarzahlung des betreffenden Kaufpreistheils mit dem jus variandi, d. h. er kann, auch nachdem er die Schuld übernommen, sich noch für Baarzahlung entscheiden. Wählt er letztere, so hat er außer dem Kaufpreistheil auch noch Zinsen davon zu 5% vom Tage der Versteigerung an bis zur Zahlung zu gewähren.[5] Dagegen ist die Ausübung seines Rechts nicht an eine Kündigung[6] gebunden. Das Recht ist ihm schlechthin gewährt und für ihn jederzeit ausübbar. Der § 165 der Subh.=Ordn. steht dem nicht entgegen, weil für den hier in Frage stehenden Betrag eine Zahlungszeit nicht und insbesondere nicht durch die Kaufsbedingungen festgesetzt worden ist.

Auf die Zinsen ist ihm natürlich der Betrag anzurechnen, den er etwa

---

[1] Nicht ganz correct die Motive a. a. O., wenn sie von dem Befugniß des Erstehers, „gewisse Hypotheken durch Baarzahlung zu tilgen“, sprechen.

[2] Anscheinend widersprechend § 166 Abs. 1 der Subh.=Ordn. Vgl. aber die präcise Fassung in § 142 l. c. und oben § 2 V.

[3] Schurig, Bem. 1 zu § 19 S. 88.

[4] Ueber die Verwendung des Eingezahlten s. unten § 10.

[5] Folgt aus § 15 der Subh.=Ordn. vgl. m. § 1095 des B.G.B.

[6] Was sollte auch gekündigt werden? Die Hypothekenforderung nicht, denn sie wird ja gar nicht ausgezahlt.

gemäß § 18 Abs. 2 der Subh.-Ordn. bereits zur Gerichtskasse eingezahlt hatte. War aber die ungewisse Schuld eine verzinsliche und hatte er in der Zwischenzeit, zwischen dem Tage der Erstehung und der Ausübung des Auszahlungsrechts auf dieselbe Zinsen an den Gläubiger gezahlt, so entbindet ihn dies nicht von der Pflicht, trotzdem den Stamm der Forderung nebst 5 % Zinsen vom Versteigerungstage an unverkürzt einzuzahlen. Denn der Betrag haftet nicht blos dem Inhaber des ungewissen Anspruchs, sondern auch den bedingt angewiesenen. Zahlung an den ersteren allein liberirt nicht, sondern nur dann, wenn die Haftbarkeit des Grundstücks besteht, was ja zur Zeit der Einzahlung noch in der Schwebe ist. Stellt sich die Haftbarkeit des Grundstücks für den ungewissen Anspruch nachmals heraus, so kann der Ersteher vom Inhaber desselben das Zuvielgezahlte zurückfordern. Für die Frage aber, welchen Betrag er zwecks Ausübung des Auszahlungsrechts zu erlegen hat, kann die Ungewißheit des Anspruchs nicht erörtert und darüber endgültig entschieden werden.

Zu 2: Die nächste Wirkung erfolgter Einzahlung ist die, daß der Ersteher die Löschung der wegen des ungewissen Anspruchs bestehenden Hypothek und nicht minder der bedingten Anweisung im Hypothekenbuch zu fordern berechtigt ist.

Hiernächst erwirbt er aber weiter das Recht, in dem Range der den ungewissen Anspruch betreffenden Hypothek bis zu deren Höhe für eine andere Schuld ein Pfandrecht an dem Grundstücke zu bestellen und zu diesem Behufe die Umschreibung der bestehenden Hypothek auf seinen Namen zu verlangen. Hiervon im folgenden Paragraphen.

---

§ 9.

Das Eintretungsrecht des Erstehers.

I. Das B.G.B. bestimmt in § 442, daß der Eigenthümer eines Pfandgrundstücks, wenn er den hypothekarischen Gläubiger befriedigt, verlangen darf, daß die eingetragene Forderung auf seinen Namen umgeschrieben werde und, daß er diesfalls das Recht hat, die Forderung Anderen abzutreten.

Durch § 166 der Subh.-Ordn. wird das Eintretungsrecht in mehrfacher Beziehung erweitert. Denn dieser § bestimmt in Abs. 1, daß dem Ersteher das Eintretungsrecht des § 442 des B.G.B. rücksichtlich derjenigen Hypotheken zustehe, welche aus dem, nach den Kaufsbedingungen von ihm baar zu gewährenden Kaufpreistheil gedeckt und befriedigt werden. Es sind dies also die Forderungen des betreibenden Gläubigers und seiner Nachmänner. Gleichgültig ist es, ob der ausgezahlte Anspruch ein ungewisser oder ein gewisser war. Sofern nur die Hypothekenforderung nach den Kaufsbedingungen nicht in Anrechnung auf den Kaufpreis zu übernehmen war und gedeckt wird, so wird das Eintretungsrecht existent.

Der Abs. 2 des § 166 l. c. spricht dagegen von der Einzahlung kraft des Auszahlungsrechts nach § 19 der Subh.-Ordn. Er hat ungewisse, in Anrechnung auf den Kaufpreis zu übernehmende Ansprüche im Auge.[1] Wenn rücksichtlich ihrer der Ersteher das Auszahlungsrecht ausübt, so erwirbt er das Recht, „in dem Range der betreffenden Hypothek bis zu deren Höhe für eine andere Schuld ein Pfandrecht an dem Grundstück zu bestellen und zu diesem Behufe die Umschreibung der bestehenden Hypothek auf seinen Namen zu verlangen."

II. Schurig, a. a. O. Bem. 2 und 3 zu § 166 S. 264 theilt die vorstehende Auslegung des § 166 nicht. Er bezieht zwar auch den Abs. 1 auf diejenigen Forderungen, welche auf den baar zu gewährenden Kaufpreistheil angewiesen sind, unterstellt aber dem Abs. 2 nur die Cautions- (und Arrest-) Hypotheken und unterscheidet diesfalls nicht zwischen der Einzahlung kraft Kaufsbedingung und Einzahlung kraft Auszahlungsrechts. Dies führt zu dem Ergebniß, daß, wenn das Auszahlungsrecht des § 19 der Subh.-Ordn. rücksichtlich einer ungewissen Forderung, die nicht Cautions- oder Arresthypothek ist, ausgeübt wird, das in § 166 Abs. 2 der Subh.-Ordn. gedachte Befugniß dem Ersteher versagt wird. Andererseits würde rücksichtlich einer Cautionshypothek, die aus dem nach den Kaufsbedingungen baar gezahlten Kaufpreise gedeckt wird, dem Ersteher sowohl das Eintretungsrecht des § 442 des B.G.B. nach Abs. 1, wie das im Abs. 2 gekennzeichnete Befugniß[2] zustehen. Schon diese Consequenzen dürften die Schurig'sche Auslegung widerlegen.[3]

---

[1] Gewisse Ansprüche, die übernommen worden sind und vom Ersteher ausgezahlt werden, fallen direct unter § 442 des BG.B. Vgl. Schurig, Bem. 2 a. E. zu § 166 S. 264.

[2] Welches mit diesem identisch ist, s. u.

[3] Schurig legt m. E. in Abs. 2 § c. die Worte „zur Sicherung ungewisser Forderungen" zu eng aus. Der gleiche Ausdruck findet sich in § 7 der Subh.-Ordn., wo es heißt: „Hypotheken, welche auf Grund der Bestimmungen in §§ 390. 391. 392. 393 des BGB. oder sonst zur Sicherstellung ungewisser Forderungen...." Daß hierunter auch Hypotheken, welche in Kraft vorläufiger Vollstreckung eingetragen worden sind, gehören, sagt Schurig Bem. 1 zu § 7 S. 61 selbst. Diejenigen, bezüglich deren das Vorhandensein einer Forderung bestritten worden ist, auszunehmen, liegt kein Grund vor — und so könnte man rücksichtlich sämmtlicher, in § 16 Abs. 2 der Subh.-Ordn. gedachter, ungewisser Ansprüche höchstens bei der Correalhypothek zweifeln, ob sie in § 166 Abs. 2 l. c. mit gemeint worden ist. Allein auch diese fällt mit darunter. Die

III. Die Voraussetzungen des Eintretungsrechts nach § 442 des B.G.B. sind nicht genau dieselben wie die des Abs. 1 des § 166 der Subh.-Ordn. Dort befriedigt der Grundstückseigenthümer den Pfandgläubiger, hier tilgt er seine Kaufgelderschuld und mit dem Kaufpreis wird der Pfandgläubiger ausgezahlt. Die Zahlung des Eigenthümers ist auch in den Fällen des § 142 der Subh.-Ordn. in erster Linie immer Tilgung der Kaufpreisschuld, nicht Tilgung der Gläubigerforderung. Das Recht aber, welches der Thatbestand des Abs. 1 des § 166 l. c. verleiht, deckt sich inhaltlich mit dem Eintretungsrecht des § 442 B.G.B. Der Ersteher darf die durch Zahlung getilgte Hypothek auf seinen Namen umschreiben lassen und, wenn das geschehen, an Dritte abtreten.

Durch die Umschreibung der „Forderung" auf seinen Namen „erwirbt" der Ersteher die „Forderung" nicht; denn sie ist durch Zahlung getilgt und erloschen. Sie ist auch dann erloschen, wenn man sich den Vorgang so denken wollte, daß der Hypothekengläubiger gegen Zahlung eines Aequivalents seine Forderung an den zahlenden Ersteher abtritt (§ 1008 des B.G.B.). Wenn daher in § 442 des B.G.B. von „Abtretung der Forderung" die Rede ist, so ist hiermit nur die Form angegeben, in welcher der Eigenthümer das ihm durch § 442 des B.G.B. zugestandene Befugniß ausüben kann. Der Sache nach besteht dieses Befugniß darin, daß der Eigenthümer, so lange sein Eigenthum dauert, die durch Auszahlung einer Hypothek offen gewordene Pfandstelle, den Rang, vergeben darf.[1]

Dieses Befugniß ist somit sachlich das ihm als Eigenthümer des Grundstücks an sich schon zustehende Recht, das Grundstück zu verpfänden,[2] nur mit der Eigenthümlichkeit, daß die von ihm demgemäß bestellte Hypo-

---

AVO. § 44 identificirt offenbar die „ungewissen Forderungen" des Abs. 2 in § 166 mit dem „ungewissen Anspruch", der für sie technischer Ausdruck ist und die sämmtlichen in § 16 Abs. 2 l. c. gedachten Ansprüche umfaßt (§ 39 der AVO.).

Wenn die Subh.-Ordn. dem Ersteher das Eintretungsrecht bezüglich aller Hypotheken einräumen wollte, so bedurfte es nicht blos in Ansehung der Cautionshypotheken, sondern bezüglich aller ungewissen Ansprüche einer neuen Bestimmung. Für die nicht in Anrechnung auf den Kaufpreis zu übernehmenden ungewissen Ansprüche liegt sie vor in § 166 Abs. 1. Für die in Anrechnung auf den Kaufpreis zu übernehmenden ungewissen Ansprüche reicht die Bestimmung in § 442 des BGB. nicht aus. Denn der Ersteher, der vom Auszahlungsrecht Gebrauch macht, befriedigt den Inhaber des ungewissen Anspruchs nicht, erfüllt somit die Voraussetzungen des § 442 des BGB. nicht (vgl. oben im Text unter III.).

[1] Vgl. Siegmann, Hypothekenrecht, S. 121. Wachler, Gerichtsordnung, S. 109.

[2] A. M. die neuerdings veröffentlichte Entscheidung des OLG. zu Dresden vom 25./9. 1886 in den Ann. des OLG. Bd. VIII. S. 223 ff., sowie die Entscheidung desselben Gerichts vom 20./5. 1885 ebenda S. 219 ff.

thek nicht den Rang erhält, den sie nach § 434 des B.G.B. erhalten würde (den letzten Rang), sondern denjenigen, den die ausgezahlte Pfandforderung hatte.[1]

IV. In Abs. 2 des § 166 der Subh.-Ordn. ist das dem Ersteher eingeräumte Recht nicht durch den Hinweis auf § 442 des B.G.B. gekennzeichnet, sondern selbstständig beschrieben als das Befugniß den Rang der weggefallenen Hypothek anderweit vergeben zu dürfen. Inhaltlich deckt sich daher auch dieses Recht mit dem des § 442 des B.G.B. und rücksichtlich der Form ist nur ein sehr geringer Unterschied. Denn auch hier wird die Vergebung des Ranges in der Weise bewirkt, daß der Ersteher die Forderung auf sich umschreiben läßt („die unter Nr. . . verlautbarte Hypothek wird in Folge Einzahlung auf den Ersteher N. umgeschrieben" AVO. § 44 Abs. 1) und sie dann dem Dritten zur Sicherstellung seiner Forderung[2] abtritt (N. hat die unter Nr. . . eingetragene Hypothek in Höhe von . . . Mk. zur Sicherstellung einer Forderung von . . . Mk. an den X. abgetreten, AVO. § 44 Abs. 2). Der Unterschied beruht also — sehr nebensächlicher Weise — nur in der vorgeschriebenen Form der Hypothekenbucheinträge. Für das jetzt betrachtete Eintretungsrecht ist Befriedigung der Hypothekforderung, über deren Rang zu verfügen der Ersteher berechtigt wird, nicht Voraussetzung. Es genügt, daß der entsprechende Kaufpreistheil, aus welchem die Befriedigung erfolgen kann, zur Gerichtskasse eingezahlt worden ist.

V. Es bedarf kaum noch der Erwähnung, daß die Umschreibung der wegfallenden Hypothekenforderung auf den Namen des Erstehers ausschließlich[3] Zweck und Bedeutung für eine künftige „Abtretung der Forderung" an einen Dritten hat. Dagegen kann der Ersteher dadurch, daß er die Forderung auf seinen Namen umschreiben läßt, nicht selbst eine hypothekarisch sichergestellte Forderung erwerben, die etwa beim Verkauf später vom Erwerber in Anrechnung auf den Kaufpreis übernommen werden könnte. Wenn sein Eigenthum am Grundstück aufhört, ohne daß er bis dahin über die „Forderung" durch „Abtretung" derselben verfügt hat, so erlischt sein Verfügungsrecht rücksichtlich derselben und der Nachbesitzer darf die hypothekenbücherliche Löschung der auf jenen umgeschriebenen Forderung verlangen.[4]

---

[1] Selbstverständlich nur in dem Umfange und der Höhe derselben.

[2] Durch diese Worte wird angedeutet, daß es sich um eine neue Pfandbestellung, nicht blos um eine reine Abtretung handelt.

[3] Vgl. § 166 Abs. 2 der Subh.-Ordn. vbd. „und zu diesem Behufe die Umschreibung . . . . verlangen".

[4] Vgl. hierüber noch Siegmann, a. a. O. Abweichend die S. 41 Note 2 angeführte Entsch. des OLG. in den Ann. VIII. S. 219 ff.

VI. Bemerkenswerth ist es, daß die nach § 166 Abs. 1 und 2 der Subh.-Ordn. zulässigen Umschreibungen durch die vorherige Eintragung des Ersteherς im Grundbuche nicht bedingt sind (§ 166 Abs. 3 l. c.), bemerkenswerth insofern, als, so lange der Ersteher noch nicht Eigenthümer des erstandenen Grundstücks ist, ein Hinderniß für ihn, eine wirksame Hypothek am Grundstück zu erlangen, an sich nicht vorhanden ist. Doch wird man die Zweckmäßigkeit dieser Bestimmung nicht verkennen können.

---

§ 10.

Das Verfahren.

I. Die gesetzlichen Vorschriften über das durch Ausübung des Auszahlungs- und Eintretungsrechts[1] bedingte Verfahren sind äußerst dürftig. Was hierüber bestimmt ist, das findet sich im § 43 der AVO., woselbst es heißt: „Macht der Ersteher von dem ihm nach § 19 der Subh.-Ordn. zustehenden Rechte der Zahlung an die Kasse des Vollstreckungsgerichts Gebrauch, so hat letzteres mittels Beschlusses auszusprechen, daß sowohl die wegen des ungewissen Anspruchs bestehende Hypothek, als auch der die bedingte Anweisung verlautbarende Eintrag zu löschen, bezw. auf Antrag des Ersteherς die erst erwähnte Hypothek auf dessen Namen umzuschreiben sei, auch in einem Nachtrag zum Vertheilungsplan über die Verwendung des Eingezahlten Bestimmung zu treffen." Hieraus ergiebt sich zunächst soviel, daß in dem Verfahren die Erreichung zweier verschiedener Zwecke erstrebt wird. Einmal handelt es sich darum, den dem geltend gemachten Rechte des Ersteherς entsprechenden Zustand (Bereinigung und Berichtigung des Hypothekenbuchs) herzustellen; dann aber ist die Vertheilung des vom Ersteher eingezahlten Geldes vorzunehmen.

Der erste Theil des Verfahrens endet mit einem unanfechtbaren[2] Beschluß, den das Vollstreckungsgericht zu erlassen hat, wenn der Ersteher vom Auszahlungsrecht Gebrauch macht. Der zweite Theil wird abgeschlossen durch einen der sofortigen Beschwerde unterliegenden, den sämmtlichen Betheiligten zu verkündenden[3] Nachtrag zum Vertheilungsplan.

---

[1] Im Folgenden kommt nur das Eintretungsrecht des § 166 Abs. 2 (§ 19) der Subh.-Ordn. in Betracht; dagegen bleibt das des § 166 Abs. 1 l. c. unberücksichtigt.

[2] Vgl. § 51 der Subh.-Ordn. Von diesem Beschluß wird nur der Ersteher und dieser auch ohne besondere Form benachrichtigt, § 52 Abs. 2 I. S. l. c. vbd. m. § 2 der AVO.

[3] Die Verkündung findet in einem ad hoc anberaumten Termine, von welchem sämmtliche Interessenten zu benachrichtigen sind, statt, § 43 a. E. der AVO.

wäre, wenn die Löschung (oder Umschreibung) in Folge des Auszahlungsrechts des Erstehers nicht erfolgt wäre.

IV. Die Ausführung eines solchen Nachtrags ist durch seinen Inhalt selbst suspendirt. Hat sich indessen die Ungewißheit rücksichtlich des zunächst auf den eingezahlten Betrag angewiesenen Anspruchs erledigt, so ist dessen ungeachtet der Nachtrag nicht ohne weiteres ausführbar. Zur Auszahlung an den Inhaber des ungewissen Anspruchs bedarf es nämlich nach §§ 159. 160 der Subh.-Ordn. stets der ausdrücklichen Einwilligung[1] der anderen Interessenten, dafern nicht ersterer ein seinen Anspruch auf Auszahlung feststellendes rechtskräftiges Urtheil[2] beibringt. Die Nichtabgabe zustimmender Erklärung seiten eines Interessenten hindert sonach die Einzahlung an den Inhaber des ungewissen Anspruchs und zwingt ihn eventuell, gegen den Widersprechenden Klage auf Abgabe einwilligender Erklärung zu erheben.

Eine Ausnahme ist auch hier zu verzeichnen. Beruht nämlich die Ungewißheit des Anspruchs darauf, daß das Bestehen desselben im Laufe des Versteigerungsverfahrens bestritten worden ist, so braucht die Ausführung des Nachtrags zum Vertheilungsplan, durch welchen dem Inhaber des bestrittenen Anspruchs der eingezahlte Betrag in erster Linie zugedacht ist, nicht beanstandet zu werden, und kann demgemäß mit der Auszahlung an diesen verfahren werden, wenn seit dem Tage der beim Vollstreckungsgericht erfolgten Bestreitung des Anspruchs ein Monat verstrichen ist, ohne daß inzwischen dem Gerichte eine die fernere Zurückhaltung des Geldes anordnende Verfügung des Proceßgerichts, bei welchem wegen Herbeiführung rechtlicher Entscheidung über den Bestand oder über den Nichtbestand des Anspruchs Klage zu erheben, vorgelegt worden ist (§ 159 Abs. 2 der Subh.-Ordn.).[3]

Daß in dem letzteren Falle die Ungewißheit des Anspruchs in minderem Grade berücksichtigt wird, ist durchaus gerechtfertigt. Den Interessen des Bestreitenden ist genügend vorgesehen durch die obige Bestimmung. Die Monatsfrist ist lang genug bemessen, um bis zum Ablauf derselben

---

[1] Welche in dem Nichtgeltendmachen von Widersprüchen gegen die Auszahlung nicht erblickt werden darf, Schurig, a. a. O. Bem. 2 zu § 160 S. 258.

[2] Einem solchen steht in der Wirkung gleich das rechtskräftige Urtheil rücksichtlich eines Anspruchs, der in Kraft vorläufiger Vollstreckung bezw. auf Grund eines Arrestbefehls hypothekarisch auf dem Grundstücke haftet, § 159 Abs. 1 der Subh.-Ordn.

[3] Die Anwendbarkeit dieser Bestimmung auf den vorliegenden Fall kann nicht bezweifelt werden, da unter den „an die Gerichtskasse eingezahlten Kaufgeldern", von welchen § 159 in Abs. 1 und 2 redet, nicht blos die auf Grund von § 14, sondern auch die auf Grund von § 19 der Subh.-Ordn. gezahlten Gelder zu verstehen sind.

Klage zu erheben und vom Proceßgericht eine einstweilige Verfügung zu erlangen, dahin, daß die Auszahlung über die Monatsfrist hinaus bis zum Austrag des Streits sistirt bleibt. Hierdurch kann einer Verzögerung des Verfahrens in Folge unbegründeten Widerspruchs wirksam vorgebeugt werden, indem der Widersprechende mittelbar zu einer schleunigen Einleitung des Processes gedrängt wird.

V. Selbstverständlich ist die Möglichkeit nicht ausgeschlossen, daß die sämmtlichen Betheiligten vor Ertheilung des Nachtrags zum Vertheilungsplan sich über die endgültige Verwendung des vom Ersteher eingezahlten Geldes vereinigen, so daß das Resultat dieser Einigung im Nachtrage die Grundlage für die hier zu treffenden endgültigen Anordnungen abgiebt. Die Einigung der Interessenten muß natürlich eine wirkliche und ausdrückliche sein, darf nicht eine aus dem Unterlassen von Widerspruch abgeleitete, fingirte sein.

VI. Da es nach dem Vorstehenden häufig und regelmäßig der Fall sein wird, daß der vom Ersteher an die Gerichtskasse eingezahlte Theil des Kaufpreises nicht alsbald an die Forderungsberechtigten ausgezahlt werden kann, so muß das Gericht diesen Betrag in inländischen Staatspapieren oder auf den Inhaber gestellten Schuldverschreibungen des Deutschen Reichs oder eines Deutschen Bundesstaates, eventuell nach seinem Ermessen auch in Einlagebüchern inländischer öffentlicher Sparkassen und anderen inländischen öffentlichen Werthpapieren zinstragend anlegen (§ 161 vbd. m. § 133 der Subh.-Ordn.).

Liegt dagegen ein Hinderniß der Auszahlung an den Berechtigten nicht vor, so ist zu Vermeidung persönlicher Haftbarkeit des säumigen Beamten für entstehenden Schaden die Auszahlung unverzüglich zu bewirken (§ 41 der AVO.).

§ 11.

B. Der ungewisse, aus dem vom Ersteher nach den Kaufsbedingungen baar gezahlten Theile des Kaufpreises zu befriedigende Anspruch.

I. Nachdem in § 4 eine Darstellung des Wesens der bedingten Anweisung in Ansehung eines ungewissen Anspruchs unternommen und dabei auf den Unterschied hingewiesen worden war, je nachdem der ungewisse Anspruch vom Ersteher in Anrechnung auf den Kaufpreis übernommen wird oder aus der vom Käufer baar zu zahlenden Kaufgeldermasse zu befriedigen sein würde, ist in den folgenden §§ 5—10 der erstere Fall behandelt worden. Es erübrigt daher nunmehr noch die Erörterung der bedingten Anweisung in Ansehung eines ungewissen Anspruchs, welcher — dafern er überhaupt zu erfüllen ist — aus dem vom Ersteher nach den Kaufbedingungen baar gezahlten Kaufpreistheil zu befriedigen ist.

Des Zusammenhangs halber ist zuvörderst daran zu erinnern, daß bei der Vertheilung des vom Ersteher gezahlten Kaufpreises (s. oben § 2 II³. V.) nach § 21 Abs. 3 der Subh.-Ordn. sämmtliche eingetragene Hypotheken, soweit sie nicht übernommen werden, in der Reihenfolge ihres Ranges zu berücksichtigen sind; daß, wenn sich unter denselben ein ungewisser Anspruch in dem oben § 3 erörterten Sinne befindet, zu dessen (bezw. theilweiser) Deckung der Kaufpreis reicht, dieser ungewisse Anspruch gemäß § 140 der Subh.-Ordn. zwar auch auf den entsprechenden Kaufpreistheil anzuweisen ist, daß aber gleichzeitig für den Fall, daß die Haftbarkeit des Kaufpreises für den ungewissen Anspruch ganz oder theilweis in Wegfall kommt, auf diesen Theil des Kaufpreises weiter diejenigen hypothekarischen Ansprüche in der nach ihrem Rang sich ergebenden Reihenfolge anzuweisen sind, welche durch den Kaufpreis nicht gedeckt werden. Es darf nun davon ausgegangen werden, daß bei Abfassung des Vertheilungsplans die Ungewißheit stets noch ungelöst ist. Indem derselbe die Zahlungszeit für einen bestimmten Theil des Kaufpreises, welcher eventuell zur Tilgung der ungewissen Forderung zu verwenden ist, auf Grund der bezüglichen Vereinbarungen im Versteigerungstermin (§ 114 der Subh.-Ordn.) festsetzt, kann er eben wegen der noch schwebenden Ungewißheit nicht bereits endgültig die ungewisse Forderung auf jenen Kaufpreistheil anweisen, sondern muß, der Möglichkeit des Wegfalls des ungewissen Anspruchs Rechnung tragend,[1] diese Summe bedingt den leer ausgehenden Hypothekengläubigern (eventuell dem früheren Eigenthümer) zuweisen. Es erhellt mithin, daß auch dann, wenn der ungewisse Anspruch nicht vom Ersteher zu übernehmen, sondern aus dem Erlös des Grundstücks baar zu zahlen ist, der Vertheilungsplan doch stets eine bedingte Anweisung mit dem in § 140 der Subh.-Ordn. gedachten Inhalte (vgl. oben § 4) enthalten muß. Wiederum ist es der (gänzliche oder theilweise) Wegfall der Haftbarkeit des in Frage stehenden Kaufpreistheiles für den ungewissen Anspruch,[2] der das Recht des Inhabers des letzteren auflösend

---

[1] Vgl. oben § 7 Note 1.

[2] Vgl. oben § 10 III. a. E.

bedingt. Der Eintritt der Bedingung beseitigt dessen Recht und bringt gleichzeitig die Rechte der bedingt Angewiesenen zu endgültiger Wirksamkeit.[1]

II. Das weitere Verfahren und insbesondere die Erledigung der bedingten Anweisung weicht aber in dem gegenwärtig unterstellten Falle wesentlich von demjenigen ab, welcher im Vorstehenden (§§ 5—10) behandelt worden ist. Die maßgebenden Vorschriften sind in den §§ 159—161 der Subh.-Ordn. vbd. m. § 41 der AVO. enthalten.

Aus der letzteren Bestimmung ist zunächst zu entnehmen, daß das Vollstreckungsgericht die Verpflichtung hat, die zur Gerichtskasse gezahlten Gelder — sofern nicht Hindernisse entgegen stehen — ungesäumt den Berechtigten auszuzahlen, mithin auch ungesäumt festzustellen, ob und welche Hindernisse im Wege stehen. Deshalb ist der Richterpflicht noch nicht Genüge geschehen, wenn der Richter die Auszahlung zurückhält, weil nicht feststehe, daß derselben kein Hinderniß entgegen steht.[2] Dies geht auch daraus hervor, daß nach § 161 der Subh.-Ordn. Gelder, über welche voraussichtlich nicht bald verfügt werden kann, zinsbringend anzulegen sind. Denn die Entscheidung der Frage, ob voraussichtlich eine alsbaldige Verfügung Platz greifen könne oder nicht, setzt die Erörterung und Feststellung etwaiger Hinderungsgründe voraus.

Von diesem Grundgedanken ausgehend unterscheidet nun das Gesetz zwischen

1) denjenigen ungewissen Ansprüchen, für welche das Grundstück in Kraft vorläufiger Vollstreckung oder auf Grund eines Arrestbefehls haftet,

2) denjenigen Ansprüchen, welche in Folge Bestreitung beim Vollstreckungsgericht im Laufe des Versteigerungsverfahrens ungewiß geworden sind,

3) allen übrigen ungewissen Ansprüchen.

---

[1] Vorausgesetzt natürlich auch hier, daß deren Forderungen zu dieser Zeit noch bestehen, s. o. § 4.

[2] Das Gesetz bezweckt einmal, das Gericht von der Aufbewahrungspflicht rücksichtlich der eingezahlten Gelder baldmöglichst zu entlasten, dann aber den Berechtigten das ihnen Zukommende nicht ohne genügende Veranlassung vorzuenthalten. Nach dem Entwurf (§ 159 Abs. 3) sollte das Gericht die Verpflichtung haben, die bedingt Angewiesenen unter Einräumung einer Widerspruchsfrist zur Erklärung über Ertheilung der Zustimmung zur Auszahlung aufzufordern, mit dem Eröffnen, daß die Unterlassung des Widerspruchs als Zustimmung gelte. Diese Zustimmung wurde von der I. Ständekammer beanstandet (Dep.-Ber. der I. K. bei Schurig zu § 160 S. 257) aus Gründen, die den mit der Bestimmung verfolgten Zweck des Gesetzes nicht berühren. Dieser ist damit nicht beseitigt und besteht deshalb fort. Er hat Ausdruck gefunden in § 41 der AVO., die deshalb so wie oben im Text geschehen, auszulegen ist. Vgl. auch das Folgende im Text.

Für die letztere Kategorie giebt es in § 160 den Regelsatz, während es für die unter 1 und 2 in § 159 Abs. 1 und 2 besondere Bestimmungen aufstellt.

III. Soviel die in Kraft vorläufiger Vollstreckung oder auf Grund Arrestbefehls mit Hypothek versehenen Ansprüche anlangt, so hat das Gericht, wenn der Ersteher nach Eintritt der im Vertheilungsplan festgesetzten Zahlungszeit den in Frage kommenden Kaufpreistheil eingezahlt hat, dem Inhaber jenes Anspruchs den Nachweis der Rechtskraft des seiner Hypothek zu Grunde liegenden, vorläufig vollstreckbaren Urtheils bezw. die Beibringung des rechtskräftigen verurtheilenden Erkenntnisses rücksichtlich der durch Arresthypothek gesicherten Forderung aufzugeben und, wenn dies beigebracht ist, die Auszahlung zu bewirken.[1]

Wird das rechtskräftige Urtheil nicht beigebracht, so hat das Gericht, so viel an ihm liegt, den Stand der Sache und den Grund der Nichtbeibringung festzustellen und je nach dem Ausfall der dieserhalb anzustellenden Erörterung nach § 161 der Subh.-Ordn. zu verfahren.

IV. Die rücksichtlich eines Anspruchs bestehende Ungewißheit, die darin ihren Grund hat, daß der Anspruch während des Versteigerungsverfahrens beim Vollstreckungsgericht bestritten worden ist, hindert die Auszahlung des eingezahlten Kaufpreises an den Inhaber dieses Anspruchs nur einen Monat lang, vom Tage der Bestreitung an gerechnet (§ 159 Abs. 2 der Subh.-Ordn.). Sobald diese Monatsfrist verstrichen ist, muß das Gericht auszahlen,[2] es müßte denn der Bestreitende eine proceßgerichtliche Anordnung, die auf fernere Zurückbehaltung des in Frage stehenden Kaufpreistheils gerichtet ist, erwirkt und dem Vollstreckungsgericht beigebracht haben. Diesfalls hat letzteres wiederum nach § 161 der Subh.-Ordn. zu verfahren, während es im entgegengesetzten Falle den bedingt Berechtigten Mittheilung davon zugehen lassen muß, daß die Auszahlung erfolgt und die bedingte Anweisung gegenstandslos geworden ist.[3]

V. In allen andern Fällen der ungewissen Ansprüche darf die Aus-

---

[1] Den bedingt Angewiesenen ist von der erfolgten Auszahlung Kenntniß zu geben; vorher eine Mittheilung ihnen zugehen zu lassen, liegt keine Veranlassung vor. Sie wissen aus dem Vertheilungsplan, daß und zu welcher Zeit die Auszahlung eventuell erfolgt. Rechtzeitig mit Widersprüchen zu kommen, muß deshalb ihnen selbst überlassen bleiben. Vgl. auch Note 3.

[2] Vgl. hierüber und über den Grund der Bestimmung oben § 10 IV. a. E.

[3] Vgl. oben Note 1. Es ist dies zwar nirgends ausdrücklich vorgeschrieben, doch haben die Betheiligten Anspruch hierauf, nachdem ihnen der Vertheilungsplan eine bedingte Berechtigung zuerkannt hatte. Wegen der Form dieser Mittheilung s. § 52 Abs. 2 S. 2 der Subh.-Ordn. vbd. m. § 2 der AVO.

zahlung an den Inhaber eines solchen nur mit ausdrücklich erklärter Zustimmung der Betheiligten erfolgen. Es hat mithin das Gericht alsbald, nachdem der Ersteher das fragliche Kaufgeld zur Gerichtskasse abgeführt hat, die Erklärung der Betheiligten darüber, ob sie in Auszahlung an den Inhaber des ungewissen Anspruchs willigen, herbeizuziehen. Für den Fall, daß die erforderte Erklärung ausbleibt, hat es, soweit dies möglich ist, zu erörtern, ob dem Schweigen Widerspruchsabsicht zu Grunde liegt.[1] Wenn die Zustimmung der Interessenten zur Auszahlung nicht erlangt wird, so hat es hiervon den Inhaber des ungewissen Anspruchs in Kenntniß zu setzen und die zinsbare Anlegung des Kaufgeldes gemäß § 161 der Subh.-Ordn. zu besorgen.

Hält der Inhaber des ungewissen Anspruchs die Verweigerung oder Unterlassung der Erklärung seitens der Betheiligten, daß sie in die Auszahlung an jenen einwilligen, für unbegründet,[2] so ist es an ihm, auf Abgabe zustimmender Erklärung gegen dieselben Klage zu erheben. Ein von ihm erlangtes obsiegliches Urtheil ersetzt alsdann die erforderliche Einwilligung und hebt das Hinderniß der Auszahlung an ihn.[3]

Zu einem Nachtrag zum Vertheilungsplan kommt es weder in diesem, noch in den unter III. und IV. erwähnten Fällen.

VI. Wenn die alsbaldige Auszahlung an den Inhaber des ungewissen Anspruchs nicht erfolgen konnte, und wenn deshalb das Kaufgeld in Werthpapieren der in § 133 der Subh.-Ordn. angegebenen Art angelegt worden ist, so bleibt es so lange in der Verwahrung des Gerichts, bis das der sofortigen Auszahlung an den Inhaber des ungewissen Anspruchs entgegenstehende Hinderniß gehoben ist, mithin bis letzterer das unter III. gedachte rechtskräftige Urtheil beigebracht oder eine proceßgerichtliche Verfügung, durch welche die bei IV. erwähnte Anordnung außer Kraft gesetzt wird, vorgelegt oder aber zu V. die noch fehlende Zustimmung der Betheiligten (eventuell durch Urtheil erzwungen, § 779 der CPO.) nachgeholt hat.

Hierbei ist vorausgesetzt worden, daß der ungewisse Anspruch sich als zu Recht bestehend herausstellt.

Im entgegengesetzten Fall, für den Fall also, daß die Haftbarkeit des Kaufpreises für den ungewissen Anspruch wegfällt und die bedingte An-

---

[1] In vielen Fällen werden die Betheiligten zu dieser Zeit noch gar nicht in der Lage sein sich zu erklären, weil die Ungewißheit noch schwebt.

[2] Dies setzt vernünftigerweise voraus, daß nunmehr sein Anspruch nicht mehr ungewiß ist.

[3] Vgl. § 160 der Subh.-Ordn. vbd. m. § 779 Abs. 1 der CPO.

weisung in Wirksamkeit tritt, bewendet es bei der allgemeinen Vorschrift in § 160 der Subh.-Ordn. Die Auszahlung an die bedingt angewiesenen Gläubiger darf, gleichviel welches der Grund der Ungewißheit des vorgehenden Anspruchs war,[1] nur mit Zustimmung der anderen Interessenten erfolgen.

Unter letzteren sind nicht blos die unberücksichtigt bleibenden und mithin endgültig leer ausgehenden Nachhypothekarier, bezw. der vormalige Grundstückseigenthümer zu verstehen, sondern auch der Inhaber des (wegfallenden) ungewissen Anspruchs. Die Auszahlung muß unterbleiben, wenn die Zustimmung auch nur eines der Betheiligten fehlt. Es gilt auch hier, daß der den Kaufpreistheil Ansprechende nöthigenfalls durch Klage und Urtheil die fehlende Einwilligung erzwingen muß.

Ueber die Möglichkeit, daß die bedingte Anweisung theilweise in Wirksamkeit tritt, theilweise aber nicht, s. o. § 7 unter VII.

---

§ 12.

Der Verzug des Käufers und seine Wirkungen.

I. Zu diesem Punkte ist im Allgemeinen auf das zu verweisen, was oben in § 2 über die Natur des Grundstückkaufs im Zwangsversteigerungsverfahren ausgeführt worden ist. Wenn dabei darauf hingewiesen worden ist, daß dieser Kauf kein Zug-um-Zug-Geschäft ist, vielmehr der Käufer Erfüllung seiten des Verkäufers erst nach seinerseitiger vollständiger Erfüllung verlangen darf, so ergiebt sich schon hieraus als allgemeine Folge des Verzugs auf Seiten des Käufers, daß auch ihm gegenüber der Kaufvertrag unerfüllt bleibt.

Es sind aber des Weiteren noch die Verbindlichkeiten des Käufers, mit denen er in Verzug gerathen kann, und die Folgen des Verzugs im Einzelnen zu betrachten.

II. Als gesetzliche Kaufsbedingung für die im Zwangsversteigerungsverfahren abzuschließenden Kaufverträge schreibt die Subhastationsordnung vor, daß der Käufer, wenn er mit der Zahlung des Kaufpreises in Verzug geräth, des Erstehungsrechts verlustig gehen solle, eine Conventionalstrafe in Höhe des Betrags der in § 14 Abs. 1 der Subh.-Ordn. genannten Ansprüche zu zahlen habe und eventuell schadensersatzpflichtig werden solle, wenn bei anderweiter Versteigerung des Grundstücks nicht ein Gebot von

[1] Für diesen Fall greift also die Unterscheidung oben II. a. E. nicht Platz.

bestimmter Höhe erreicht wird.[1] Es ist zunächst zu erörtern, welche Bedeutung die „gesetzliche" Kaufsbedingung hat.

Der Kauf im Zwangsversteigerungsverfahren ist, wie schon oben § 2 hervorgehoben, ein nach den gewöhnlichen civilrechtlichen Bestimmungen zu beurtheilender Kaufvertrag, den das Gericht als Verkäufer mit dem Käufer abschließt. Den Inhalt dieses Vertrags bilden die Vereinbarungen, welche die Vertragschließenden über Kaufsache, Kaufpreis, Zahlungszeit und Zahlungsmodus u. s. w. getroffen haben. Nun schreibt die Subhastationsordnung dem Richter vor, daß die von ihm abzuschließenden Käufe gewisse Vereinbarungen enthalten müssen, und zwar dies in der Weise, daß entweder dem Richter jede Bewegungsfreiheit versagt wird, oder, daß ihm eine Abweichung nur unter bestimmten Voraussetzungen (z. B. Zustimmung Betheiligter[2]) gestattet wird; die Kaufsbedingungen dem kaufenden Bieter gegenüber setzt aber der Richter fest. Kommt er dem Gebot der Subhastationsordnung nicht nach, läßt er dasselbe unberücksichtigt, so wird die vom Gesetz selbst gewollte Bedingung nicht Bestandtheil des Vertrags. Die gesetzliche Kaufsbedingung ist deshalb für den Käufer nur dann bindend, wenn sie zwischen ihm und dem Richter vereinbart worden, Bestandtheil des Vertrags geworden ist, m. a. W. wenn der Richter das in der, eine gesetzliche Kaufsbedingung aufstellenden Vorschrift an ihn ergangene Gebot, mit dem Käufer ein bezügliches Abkommen zu treffen, auch wirklich befolgt hat.

Es streitet nun allerdings die praesumtio legalitatis dafür, daß dies geschehen ist. Denn der Richter muß im Versteigerungstermin[3] das nach § 107 der Subh.-Ordn. aufgestellte Verzeichniß seinem Inhalte nach den Erschienenen mittheilen und ihnen seine vorläufige Entschließung wegen der Kaufsbedingnngen[4] mit der Anfrage eröffnen, ob Abänderungen beantragt werden. Er hat also hierbei Veranlassung, der gesetzlichen Kaufsbedingungen zu gedenken.

Werden hiernächst Gebote ohne Vorbehalt gethan, so liegt darin die Unterwerfung unter die gesetzlichen Kaufsbedingungen.[5] Man würde deshalb

---

[1] Die Subh.-Ordn. spricht diesen Satz nicht allgemein, wohl aber für die einzelnen Kaufpreistheile, die in Betracht kommen können, aus in den §§ 134 und 172 f.

[2] Hypothekengläubiger. Sie sind nicht am Abschluß des Kaufs selbst als Vertragschließende betheiligt, wohl aber insofern, als der Erlös ihnen zukommt und ihre Interessen durch die Höhe desselben und die Zahlungsbedingungen unmittelbar berührt werden.

[3] Vgl. §§ 120 der Subh.-Ordn. vbd. m. § 35 der ABO.

[4] Die darin bestehen kann, daß er es lediglich bei den gesetzlichen Kaufsbedingungen bewenden lasse.

[5] Auf jeden Fall ist es zum mindesten zweckmäßig, daß der Richter die ausdrückliche Bemerkung, daß er unter den gesetzlichen Bedingungen verkaufe, ins Protokoll über

selbst dann, wenn das Protokoll über den Versteigerungstermin und der Vertheilungsplan die Bemerkung, daß der Kauf unter den gesetzlichen Kaufsbedingungen geschlossen sei, nicht enthalten sollte, bis zum Beweis des Gegentheils anzunehmen haben, daß dieselben Bestandtheile des Vertrags sind.[1]

Wenn aber eine, die gesetzlichen Kaufsbedingungen in unzulässiger Weise abändernde Vereinbarung zwischen dem Gericht und dem Käufer getroffen wäre, so ist dieselbe nicht als contra leges verstoßend nach § 793 des BGB. nichtig, und es tritt an ihrer Stelle nicht die gesetzliche Kaufsbedingung doch in Wirksamkeit. Der Vertrag bleibt vielmehr gültig und wirksam.[2] Denn einmal widerstreitet die Abänderung nicht den Gesetzen, sondern der Richter, der sie zuläßt, begeht eine Pflichtwidrigkeit, die ihn eventuell einem Ersatzanspruch aussetzt, und dann ist eben die gesetzliche Bedingung nicht vereinbart und kann deshalb den Käufer nicht binden.

III. Die gesetzlicher Vorschrift zufolge zu treffende Vereinbarung, daß der in Verzug gerathende Ersteher seines Erstehungsrechts verlustig geht und eine Conventionalstrafe zahlen muß, ist nach den in der §§ 1428 ff. und 1436 ff. des BGB. enthaltenen Bestimmungen zu beurtheilen, soweit letztere durch Specialbestimmungen der Subhastationsordnung nicht modificirt sind.[3] Hiernach tritt die Rechtsverwirkung nicht ipso jure ein; sondern der Verkäufer (das Gericht) hat die Wahl, ob er bei dem Vertrag stehen bleiben, oder aber unter Einforderung der Conventionalstrafe von demselben abgehen will. Die Erklärung der Wahl seiten des Gerichts erfolgt durch Beschluß. Wenn in den §§ 1428 und 1436 des BGB. wegen der Vollziehung der Wahl auf die Bestimmung in § 700 des BGB. Bezug genommen ist, so sind für die lex commissoria und die Conventionalstrafe beim Grundstückskauf im Zwangsversteigerungsverfahren die letzteren Vorschriften zum Theil wesentlich modificirt. Das Einzelne hierüber ist weiter unten zu besprechen.

Eine weitere, durch die Subhastationsordnung geschaffene Abänderung betrifft die Vorschrift des § 1431 des BGB., indem die erstere den im

---

den Versteigerungstermin aufnimmt (vgl. auch § 136 Abs. 1 der Subh.-Ordn.) und eine gleiche Bemerkung in den Vertheilungsplan einfließen läßt. S. hierzu das Beispiel bei Schurig, S. 378 Abs. 5 vbs. „die gesetzlichen Kaufsbedingungen u. s. w.“ und S. 382. Vertheilungsplan, Abs. 1.

[1] § 826 des BGB. steht nicht entgegen. Vgl. hierzu oben § 2 unter I.

[2] So auch die in Wengler's Archiv, 1887 S. 73 ff. mitgetheilte Entscheidung; zu vgl. ferner Schurig, Bem. zu § 112 S. 199.

[3] Vgl. Schurig, Bem. 4 zu § 172 S. 271. Motive zu § 134 bei Schurig, S. 228.

Erfüllungsverzug befindlichen Ersteher neben seiner Verbindlichkeit zur Leistung der Conventionalstrafe noch zum Schadensersatze verpflichtet.

Endlich zeigt das Wahlrecht selbst die Eigenthümlichkeit, daß der Richter in der Ausübung desselben insofern nicht vollkommen freie Hand hat, als das Gesetz ihm vorschreibt, wie er zu wählen hat.

IV. Im Folgenden sind nun die Vorschriften der Subhastationsordnung über den Verzug des Käufers, wie sie rücksichtlich der einzelnen Kaufpreistheile aufgestellt werden, zu betrachten.

Hierbei ist es zweckmäßig, diejenige, wenn auch rein äußerliche Eintheilung der dem Käufer obliegenden Leistungen zu Grunde zu legen, welche oben in § 2 unter II gegeben worden ist.

1. Der Käufer hat den Betrag der Ansprüche des § 14 Abs. 1 der Subh.-Ordn.

a) im Versteigerungstermin entweder baar zu erlegen oder sicher zu stellen. Diese Vertragsverbindlichkeit[1] ist im Versteigerungstermin zu erfüllen. Der Verzug des nicht zahlenden, bezw. sicherstellenden Käufers tritt aber erst mit dem Schluß des Versteigerungstermins ein.

Liegt der Verzug vor, so macht das Gesetz dem Richter zur Pflicht, sein Wahlrecht in bestimmter Richtung auszuüben:[2] nämlich vom Vertrag abzugehen und die Strafe einzufordern. Zu diesem Zwecke muß er einen Amtswegen zu vollstreckenden, der sofortigen Beschwerde unterliegenden Beschluß[3] des Inhalts erlassen, daß der Ersteher aller durch den Zuschlag erworbenen Rechte verlustig gehe und zur Nachzahlung des verwirkten Betrags verurtheilt werde.

Wenn der Richter — entgegen der Vorschrift in § 134 der Subh.-Ordn. — den hier gedachten Beschluß nicht erläßt, sondern sich dafür entscheidet, beim Vertrag stehen zu bleiben, so ist diese Entschließung durch Beschwerde nicht anfechtbar (§ 51 der Subh.-Ordn.).

---

[1] Vgl. § 112 der Subh.-Ordn. und oben unter II.

[2] Wählt der Richter anders, als das Gesetz es verlangt, so ist die Wahl nicht ungültig. Der Richter macht sich nur eventuell haftpflichtig. S. die angez. Entsch. in Wengler's Archiv 1887 S. 73 f.

[3] Der Beschluß kann erst nach Schluß des Versteigerungstermins ergehen, da es vorher am Verzuge des Käufers ermangelt. Er muß dem letzteren zugestellt werden. Die 14 tägige Beschwerdefrist ist mithin zur Zeit des Termins zur Verkündung des Vertheilungsplans noch niemals verstrichen (§ 93 Abs. 3 der Subh.-Ordn.). Der letztere Termin erledigt sich deshalb stets. Wenn auf erhobene Beschwerde der Beschluß außer Kraft gesetzt und die Abfassung eines Vertheilungsplans angeordnet wird, so muß zur Verkündung desselben stets ein neuer Termin anberaumt werden — es müßte denn die Entscheidung des Beschwerdegerichts noch innerhalb der Beschwerdefrist ergehen. Dies ist zu Schurig, Bem. 7 zu § 134 S. 229 zu bemerken.

Hat der Richter einmal gewählt, so steht ihm das jus variandi nicht zu. Für diesen Fall kommen daher die Vorschriften in §§ 699 f. des BGB. unverändert zur Anwendung.

Der gemäß § 134 l. c. erlassene Beschluß wird Amtswegen vollstreckt und der beigetriebene Betrag zur Tilgung der in § 14 Abs. 1 l. c. verzeichneten Ansprüche verwendet. Da aber Niemand zur Ausübung eines Rechts gezwungen werden kann, so folgt hieraus, daß die Vollstreckung zu unterbleiben hat, soweit die Realberechtigten rücksichtlich des ihnen zukommenden Betrags auf die Einziehung dergestalt verzichten, daß damit auch der Schuldner (Eigenthümer) von seiner Schuld befreit wird.[1]

Die Rechtskraft des den Verlust des Erstehungsrechts aussprechenden Beschlusses beendet das Zwangsversteigerungsverfahren vorläufig. Eine Veränderung im Eigenthum am betroffenen Grundstücke hat bis dahin noch nicht stattgefunden. Wenn innerhalb einer Frist von drei Monaten seit Rechtskraft jenes Beschlusses der betreibende Gläubiger keinen Antrag auf Anberaumung eines neuen Versteigerungstermins stellt, so gilt der Versteigerungsantrag als zurückgenommen, und es hat nunmehr die endgültige Einstellung des Verfahrens zu erfolgen (§ 135 vbd. m. § 81 der Subh.-Ordn.).

Wird aber fristgemäß ein solcher Antrag gestellt, so hat das Vollstreckungsgericht demselben stattzugeben und weiter nach Vorschrift von § 108 der Subh.-Ordn. zu verfahren. Ein weiterer Rechtsnachtheil für den im Verzug befindlichen Ersteher ergiebt sich dann, wenn die anderweite Versteigerung nicht denselben Kaufpreis erzielen läßt. In diesem Falle ist er den Betheiligten für den erlittenen[2] Schaden haftpflichtig. Doch scheidet die Geltendmachung dieser Verzugswirkung aus dem Zwangsversteigerungsverfahren aus: es bleibt den Benachtheiligten überlassen, ihre Schädenansprüche im Proceßwege geltend zu machen.

b) Wenn der Ersteher den unter a gedachten Kaufpreistheil gegen Sicherheitsleistung gestundet erhalten hat, so muß er denselben zwei Wochen

[1] Die Vorschrift ist (abgesehen von den mit in Betracht kommenden gerichtlichen Kosten des Versteigerungsverfahrens) nur im Interesse der betheiligten Realberechtigten und des Schuldners gegeben; vgl. auch Schurig, Bem. 6 zu § 134 S. 229. Nur die gerichtlichen Kosten müssen beigetrieben werden, falls sich der betreibende Gläubiger nicht freiwillig zu deren Bezahlung versteht.

[2] Die Höhe des Schadens bemißt sich nicht nach der Differenz des 1. und 2. Kaufpreises, sondern nach der Differenz der nach Abzug des Betrags der in § 14 Abs. 1 gedachten Ansprüche verbleibenden Reste dieser beiden Kaufpreise. Es kommt darauf an, ob der 2. Kaufpreis in demselben Umfang die Stammforderungen der Realberechtigten deckt. Dies ist selbst bei niedrigerem Betrage dann möglich, wenn ein geringer Theil desselben durch Zins- ꝛc. Rückstände absorbirt wird.

nach Verkündung des Vertheilungsplans zur Gerichtskasse einzahlen. Er geräth in Verzug, wenn er zu dieser Zeit[1] nicht zahlt (§ 736 des BGB.). Diesfalls tritt das bereits oben in § 2 unter III. geschilderte Verfahren ein.

Es erübrigt hier nur noch die Frage, was zu geschehen hat, wenn die Zwangsvollstreckung wegen des Fehlbetrags fruchtlos geblieben ist. Die Subhastationsordnung enthält eine ausdrückliche Bestimmung nicht. Die Entscheidung ergiebt sich aus folgender Erwägung. Es kann nicht bezweifelt werden, daß an sich auch hier die Rechtsverwirkung mit dem Verzuge des Käufers verknüpft ist. Da nun die Subhastationsordnung zu diesem Kaufpreistheil eine die Vorschriften in §§ 1428. 1436. 699. 700 des BGB. abändernde Bestimmung nicht enthält, diese somit auf den vorliegenden Fall unverändert anwendbar sind; da ferner hiernach ein einseitiges Abgehen von der erklärten Wahl unstatthaft ist und der Richter durch Versilberung der Pfänder und durch Zwangsvollstreckung wegen des Fehlbetrags die theilweise Erfüllung des Vertrags zu erzwingen versucht, hierdurch aber sein Wahlrecht nach der Richtung, daß er von der Auflösung des Vertrags absieht und Erfüllung fordert, ausgeübt hat: so folgt hieraus, daß die fruchtlos verlaufene Zwangsvollstreckung wegen des Fehlbetrags weitere Rechtsnachtheile für den Ersteher nicht im Gefolge haben kann. Der Verlust des Erstehungsrechts tritt nicht ein.[2] [3]

2. Rücksichtlich des zweiten Theils des Kaufpreises, den der Ersteher nicht baar, sondern durch Uebernahme hypothekarischer Schulden gewährt, ist die Möglichkeit eines Verzugs ausgeschlossen; denn die Schuldübernahme wird im Vertheilungsplan angeordnet und gilt als geschehen mit der Rechtskraft desselben. Damit ist die Verbindlichkeit *dem Verkäufer gegenüber* erfüllt.[4]

Hat der Ersteher indeß nach § 18 Abs. 2 der Subh.-Ordn. in Ansehung einer übernommenen Schuld Zinsen zur Kaufgeldermasse zu bezahlen, so bilden diese Zinsen zwar auch eine *Vertragsleistung* des Käufers, welche zur Befriedigung von Realberechtigten verwendet und im Vertheilungsplan denselben angewiesen wird; aber sie sind nicht *Zahlung des Kaufpreises*, daher mit dem Leistungsverzuge nicht die oben unter

---

[1] Vorausgesetzt, daß der Zuschlag nicht angefochten worden ist, sonst nach Erledigung des Rechtsmittels; s. § 157 Abs. der Subh.-Ordn.

[2] Natürlich ist nicht ausgeschlossen, daß dies doch geschieht in Folge des Verzugs in der Abführung des unter 3. zu erwähnenden Kaufpreistheils.

[3] Der Fall wird übrigens kaum jemals praktisch werden, s. o. Note 4 zu § 2.

[4] Ob der Ersteher den übernommenen Gläubigern gegenüber in Verzug geräth (z. B. wenn die bevorstehende Fälligkeit rechtzeitig angemeldet worden) kommt hier natürlich nicht in Betracht.

II. gedachte Rechtsverwirkung verknüpft ist.[1] Ja, es würde dem Käufer, der im übrigen erfüllt hat, wegen Verzugs in der Abführung dieser Zinsen nicht einmal die Eintragung als Eigenthümer und Uebergabe verweigert werden dürfen. Die einzige Folge des Verzugs ist die in § 158 der Subh.-Ordn. vorgesehene: den auf die in Rückstand gelassenen Zinsen angewiesenen Realberechtigten steht der Anspruch auf sofortige zwangsweise Beitreibung derselben zu. Die Zwangsvollstreckung erfolgt, nachdem sie beantragt worden, durch das Vollstreckungsgericht von Amtswegen.[2]

3. Den dritten und letzten Theil des Kaufpreises hat der Ersteher mit Zinsen zu 5% von der Versteigerung an bis zur Zahlung in Fristen baar zur Gerichtskasse einzuzahlen. Auch in diesem Fall geräth er ohne Mahnung in Verzug, wenn er an den im Vertheilungsplan bestimmten Zahltagen nicht zahlt. Aber auch hier ist der Richter — wie oben zu 1a — in der freien Wahl durch das Gesetz beeinträchtigt. Dieses verbietet ihm die Vertragsauflösung, die den Verlust des Erstehungsrechts und die Verwirkung der Conventionalstrafe für den Ersteher zur Folge hat, zu wählen, so lange nicht der auf den im Rückstand gelassenen Kaufpreistheil angewiesene Realberechtigte einen hierauf gerichteten Antrag gestellt hat. Den betheiligten Realberechtigten ist also auf die Entschließung des Richters ein maßgebender Einfluß zugestanden worden.[3]

Der erforderliche Antrag muß, wenn er beachtlich sein soll, innerhalb einer dreimonatigen Frist vom Verfalltag der letzten Kaufpreisrate gestellt werden. Antragsberechtigt ist jeder auf den Rückstand angewiesene hypothekarische Gläubiger, nicht blos der betreibende Gläubiger, dagegen nicht der Schuldner,[4] selbst wenn ihm der Kaufpreistheil, mit dem der Ersteher im Verzuge ist, zukommt (§§ 172 Abs. 1 u. 2. 173 der Subh.-Ordn.). Der Antrag wird auf anderweite Versteigerung gerichtet. Der stattgebende Beschluß des Richters ordnet die anderweite Versteigerung im fortgesetzten Verfahren an. Durch diesen Beschluß erklärt der Richter, daß er von

---

[1] Schurig, Bem. 1 zu § 172 S. 271. Die Zinszahlungspflicht dauert fort, auch nachdem der Ersteher als Eigenthümer eingetragen ist, der Kaufvertrag also von beiden Theilen erfüllt ist.

[2] Schurig, Bem. 2 zu § 158 S. 255. Als eine besondere Wirkung des Verzugs kann dies nicht bezeichnet werden. Es handelt sich hier um die Form der Realisirung einer bereits vorherbestehenden Verbindlichkeit.

[3] Seinem Vertragschließenden, dem Ersteher, gegenüber ist freilich der Richter in der Ausübung der Wahl in der einen oder der andren Richtung nicht gehindert; vgl. oben S. 55 Anm. 2 und den Text dazu.

[4] Dieser ist noch Eigenthümer und kann selbstverständlich nicht die Zwangsversteigerung seines eigenen Grundstücks beantragen.

dem mit dem Ersteher abgeschlossenen Kaufvertrage abgehe. Der Beschluß, welcher dem Antragsteller wie dem Ersteher zuzustellen ist, unterliegt der sofortigen Beschwerde und hat, wenn rechtskräftig geworden, die Vertragsauflösung, d. h. den Verlust des Erstehungsrechts für den Ersteher, sowie die Verwirkung der Conventionalstrafe zur Folge. Da in diesem Stadium des Verfahrens der Betrag der in § 14 Abs. 1 der Subh.-Ordn. gedachten Ansprüche — welcher die Höhe der Strafe bestimmt — in der Regel bereits eingezahlt und verwendet ist, so läuft letztere darauf hinaus, daß er diesen Theil des Kaufpreises nicht zurückfordern darf (§ 172 Abs. 5 und § 173 Abs. 2 der Subh.-Ordn.).

Das weitere Verfahren richtet sich nach der Vorschrift in § 108 der Subh.-Ordn. Wird in dem anderweiten Versteigerungstermin nicht ein Kaufpreis erreicht, der den Realberechtigten, bezw. dem Schuldner in demselben Umfange wie der erste Befriedigung gewährt, so ist der (erste) Käufer für den Ausfall haftpflichtig.[1] (§ 172 Abs. 4 der Subh.-Ordn.) Die Geltendmachung dieser eventuellen Schädenansprüche erfolgt aber außerhalb des Versteigerungsverfahrens im Wege des ordentlichen Processes. Der Beschluß, welcher den Antrag eines Realberechtigten auf anderweite Versteigerung ablehnt, ist gleichfalls mit sofortiger Beschwerde anfechtbar.[2]

Der Richter ist am Abgehen vom Kaufvertrag dadurch nicht gehindert, daß er vorher die Erfüllung der Verbindlichkeit, mit der der Käufer in Verzug gerathen war, gefordert hatte. Er darf Vertragsauflösung auch dann noch wählen, wenn er auf Antrag der betheiligten Realberechtigten zuvor die Zwangsvollstreckung gegen den Ersteher wegen des Rückstandes beschlossen und zur Ausführung gebracht hatte.[3] Er hat also das jus variandi hier soweit, als er nach Eintritt des Verzugs des Erstehers Erfüllung fordern und nachmals doch vom Vertrag abgehen und den Ersteher seines Erstehungsrechts für verlustig erklären darf.[4] Hierin liegt eine wesentliche Modifikation der Bestimmungen in §§ 1428. 1436 vbd. mit §§ 699. 700 des BGB. Vgl. hierzu noch Schurig, Bem. 4 zu § 172 der Subh.-Ordn. und § 47 der AVO. S. 271 f. Im Anschlusse hieran

[1] Auch hier hat er zu ersetzen die Differenz des ersten Kaufpreises abzüglich des Betrags der Ansprüche des § 14 Abs. 1 und des zweiten Kaufpreises abzüglich des Betrags derselben Ansprüche, vgl. oben S. 56 Note 2 und Schurig, Bem. 5 zu § 172 S. 272.

[2] Anders oben unter 1a (Text hinter Note 3 S. 55).

[3] Vgl. § 158 der Subh.-Ordn. und oben § 2 unter V.

[4] Nicht auch umgekehrt. Sobald die anderweite Zwangsversteigerung beschlossen worden ist, darf eine Zwangsvollstreckung wegen des Rückstands gegen den Ersteher nicht nur nicht beginnen, sondern es ist auch die früher begonnene sofort einzustellen und bezw. aufzuheben. § 47 der AVO.

ist die bereits oben (§ 2 unter V a. E.) gedachte Vorschrift in § 175 der Subh.-Ordn. zu wiederholen, die sich auf den Fall bezieht, daß nach eingetretenem Verzuge des Erstehers von keinem der antragsberechtigten Gläubiger der Antrag auf anderweite Zwangsversteigerung innerhalb der Frist von drei Monaten gestellt wird. Der Ablauf dieser Frist **heilt den Verzug.**

Er begründet die Fiction einer vereinbarten Schuldübernahme, die seine Verpflichtung zur Baarzahlung des rückständigen Kaufpreisrestes sammt Zinsen beseitigt.[1]

Die Erfüllung seiten des Verkäufers.

§ 13.

Die Eintragung des Erstehers im Grundbuche.

I. Die Verpflichtungen des Verkäufers, welche aus dem mit dem Ersteher abgeschlossenen Kaufvertrage hervorgehen, bestehen darin, dem Käufer den Besitz der verkauften Sache zu übertragen und — da zur Erwerbung (des Eigenthums) der Sache die Eintragung des Käufers im Grundbuch erforderlich ist — Alles zu thun, was seinerseits geschehen muß, damit die Eintragung des Käufers geschehen kann (§ 1089 des BGB).

Von der Pflicht zur Uebergabe soll im folgenden Paragraph, hier zunächst von der letzteren Verbindlichkeit gehandelt werden.

In dieser Beziehung bestimmt Subh.-Ordn. in § 169 entsprechend: „Die Eintragung des Erstehers als Eigenthümer im Grundbuch ist von Amtswegen vom Vollstreckungsgericht zu veranlassen, sobald der Betrag der Schulden, welche nach den Kaufbedingungen aus den Kaufgeldern zu bezahlen sind, zur Einzahlung gekommen, oder deren an die Forderungsberechtigten bewirkte Zahlung oder sonstige Tilgung in der Weise dargethan ist, wie es nach den Gesetzen zur Begründung des Antrags auf Löschung eingetragener Forderungen im Hypothekenbuch erfordert wird."

II. Die Pflicht zur Kaufserfüllung auf Seiten des Verkäufers hängt also im Allgemeinen davon ab, daß der Ersteher den Theil des Kauf-

---

[1] Eine Zwangsvollstreckung gemäß § 158 Abs. 1 der Subh.-Ordn. kann deshalb nunmehr nicht mehr stattfinden.

Vgl. auch Schurig, Bem. 2 zu § 170 S. 268 vbd. m. Bem. zu § 175 a. E. S. 275.

preises erlegt hat, den er baar zu gewähren hat und welcher zur Deckung der nicht übernommenen Hypotheken zu verwenden, bezw. soweit er deren Betrag übersteigt, an den Schuldner auszuzahlen ist.

Wenn schon es daher das Regelmäßige ist, daß der Ersteher diesen diesen Kaufpreistheil zur Gerichtskasse einzahlt, so ist doch durch die Vorschrift des § 169 der Subh.-Ordn. dem Ersteher die Füglichkeit eingeräumt, — abgesehen von dem ihm gemäß § 142 der Subh.-Ordn. durch den Vertheilungsplan eingeräumten Befugniß der unmittelbaren Zahlung an die Forderungsberechtigten, welche der Sache nach immerhin die Zahlung des Kaufpreises bleibt[1] — sich auf andere Weise von seiner Kaufpreisschuld zu befreien und die Verpflichtung des Gerichts zur Bewirkung seiner Eintragung im Grundbuch zur Entstehung zu bringen. Denn die letztere tritt ein, wenn der Ersteher

1) entweder den Kaufpreis baar zur Gerichtskasse eingezahlt oder

2) durch öffentliche Urkunde die Tilgung des den Realberechtigten an das Gericht zustehenden, durch den Vertheilungsplan zur Ziffer gebrachten Anspruchs beweist. Sie tritt aber

3) in Gemäßheit der Vorschriften in §§ 170. 175 Abs. 1 und 2 der Subh.-Ordn. auch dann ein, wenn nachträglich kraft wirklicher oder fingirter Vereinbarung mit den Realberechtigten der Ersteher diejenigen Schulden, welche mit dem noch nicht gezahlten Kaufpreistheil zu tilgen wären, in Anrechnung auf die Kaufgelder übernimmt.

III., Zu 2. verlangt die Subhastationsordnung den Nachweis der Tilgung der Forderung so, wie es zur Begründung des Antrags auf hypothekenbücherliche Löschung einer Forderung erfordert wird, mithin die Beibringung einer Urkunde, welche die thatsächliche Begründung des Antrags voll beweist und, wenn sie von Privatpersonen ausgeht, vor einem inländischen Gericht oder vor einem inländischen Notar aufgenommen oder anerkannt, oder im Ausland vor einem zur Ausstellung von Zeugnissen über das Bekenntniß zu einer Urkunde von der sächsischen Staatsregierung ermächtigten Gesandten oder Consul anerkannt ist.[2]

Da der Antrag auf Löschung einer Hypothek thatsächlich begründet ist, wenn die eingetragene Forderung durch Zahlung oder auf andere Weise gänzlich getilgt ist (§ 459 des BGB.), so braucht die beizubringende Urkunde auch nur die erfolgte gänzliche Tilgung der For-

---

[1] Vgl. oben § 2 unter V.

[2] Sächs. VO. das Verfahren in nichtstreitigen Rechtssachen betr., vom 9./1. 1865, §§ 170, 172. Wachler, die Königl. Sächs. Gerichtsordnung, S. 122 ff.

derung[1] zu beweisen, nicht aber auch noch die Einwilligung des Realberechtigten zur Löschung der Forderung darzuthun.[2] Dagegen genügt selbstverständlich die bloße Aufgabe des Pfandrechts seiten eines Realberechtigten oder dessen Verzicht auf Befriedigung aus den Kaufgeldern unter Vorbehalt seiner Forderung nicht, um den Käufer rücksichtlich seiner Verbindlichkeiten aus dem Kaufe zu befreien. Er muß entweder ans Gericht zahlen oder die durch ihn geschehene, den früheren Eigenthümer liberirende Tilgung der Gläubigerforderungen nachweisen.

IV. Zu 3. Wenn die aus den Kaufgeldern zu befriedigenden Realberechtigten ihr Einverständniß damit erklären, daß der Ersteher ihre Forderungen, wie sie zwischen ihnen und dem Schuldner bestehen, übernimmt, so ist dieses Abkommen für das Gericht bindend und dasselbe kann nun nicht mehr die Baarzahlung des in Betracht kommenden Kaufpreistheils nebst 5% Zinsen vom Versteigerungstage (§ 15 der Subh.-Ordn.) fordern.[3] Die Schuldübernahme liberirt den Ersteher dem Gericht gegenüber.

Die Fassung der Vorschrift in § 170 der Subh.-Ordn. kann die Anschauung hervorrufen, daß neben der Einwilligung der betheiligten Realberechtigten zur Schuldübernahme auch noch ihre Zustimmung dazu erforderlich sei, daß der Ersteher als Eigenthümer im Grundbuch eingetragen werde. Deren bedarf es aber nicht.[4]

Selbstverständlich muß das Einverständniß der Realberechtigten damit, daß der Ersteher die in Frage kommenden Schulden gemäß § 16 der Subh.-Ordn. in Anrechnung auf die Kaufgelder übernimmt, dem Vollstreckungsgericht in derselben beweisenden Form dargethan werden, wie es oben zu 2. vorgeschrieben ist.

Dem Ersteher liegt es ob, eine solche Erklärung dem Gericht vorzulegen und auf Grund derselben seine Eintragung als Eigenthümer zu beantragen. Wenn § 170 Abs. 2 der Subh.-Ordn. mit diesem Antrag die Schuldübernahme als erfolgt ansieht, so bedeutet dies natürlich nur den spätesten Zeitpunkt, mit welchem die Schuld übernommen gilt, und setzt voraus, daß die Uebernahme nicht bereits vorher vertragsmäßig bewirkt worden ist. Ebensowenig hat dies irgend welchen Einfluß auf den Umfang der übernommenen Verbindlichkeit.[5]

---

[1] Welche der Realberechtigte nach dem Vertheilungsplan an das Gericht hat, also Stammforderung mit Zinsen zu 5% vom Versteigerungstage an, s. oben § 2 unter V.

[2] Wachler, a. a. O. zu § 166 ff. S. 114. Wengler's Archiv 1880, S. 327.

[3] Schurig, Bem. 2 zu § 170 S. 368.

[4] Wegen der liberatorischen Wirkung der Schuldübernahme. Der Käufer hat nunmehr erfüllt, es darf ihm deshalb die Erfüllung nicht verweigert werden.

[5] Vgl. oben § 2 IV. a. E.

Ueber die fingirte Schuldübernahme[1] gilt hinsichtlich der Wirkungen dasselbe, wie von der ausdrücklichen. Nur hat das Vollstreckungsgericht hier nicht mit dem Beginn der seinerseitigen Erfüllung auf einen Antrag des Erstehers zu warten, sondern nach Ablauf der Dreimonatsfrist Amtswegen thätig zu werden, vgl. § 176 Abs. 2 der Subh.-Ordn.

V. Wenn die unter III. 1—3 gedachten Voraussetzungen vorhanden sind, so hat das Vollstreckungsgericht die zuständige Grund- und Hypothekenbehörde[2] zur Bewirkung der erforderlichen Einträge im Grund- und Hypothekenbuche zu veranlassen. Es hat aber nicht bloß der Eintrag des Erstehers als Eigenthümer des Grundstücks zu erfolgen, sondern es sind zugleich die übrigen durch die Zwangsversteigerung bedingten Veränderungen im Hypothekenbuche zu verlautbaren, d. h. alle diejenigen Hypotheken zu löschen, welche nicht in Anrechnung auf den Kaufpreis übernommen[3] worden sind, sei es nun, daß dieselben mit dem erzielten Kaufpreise ausgezahlt worden oder aber ungedeckt geblieben sind, und zwar letzteres auch dann, wenn in Ansehung der betreffenden Forderungen eine bedingte Anweisung erfolgt (§ 46 der AVO. vbd. m. § 171 der Subh.-Ordn.). Für die Formel des Löschungseintrags ist in § 46 Abs. 2 und 3 der AVO. besondere Vorschrift getroffen worden.[4]

Endlich ist, falls einer der in Anrechnung auf den Kaufpreis übernommenen Ansprüche ein ungewisser ist, gleichfalls jetzt, und zwar unmittelbar hinter den Löschungseinträgen, die im Vertheilungsplan ausgesprochene bedingte Anweisung zu verlautbaren (vgl. oben § 5) und die Verlautbarung vom Vollstreckungsgericht Amtswegen bei der Hypothekenbehörde zu veranlassen.

Die Hypothekenbehörde muß in allen Fällen dem Ersuchen des Vollstreckungsgerichts entsprechen, darf eine selbstständige Nachprüfung nicht Platz

---

[1] S. o. § 2 V. a. E. und § 12 IV. 3 a. E.

[2] Dafern nicht beide identisch sind; diesfalls hat es natürlich die Einträge direct anzuordnen, s. u. Note 2 S. 64.

[3] Der Käufer hat das Grundstück pfandfrei zu beanspruchen, soweit er nicht Hypotheken übernimmt.

[4] „Die Löschung der durch den Kaufpreis nicht gedeckten Hypotheken geschieht nach der Formel:

> In Folge der Zwangsversteigerung des Grundstücks werden die unter Nr. . . eingetragenen Forderungen gelöscht.

Erfolgt dagegen die Löschung einer durch den Kaufpreis gedeckten Hypothek nach Zahlung der betreffenden Forderung, so ist die Formel zu brauchen:

> In Folge Zahlung nach der Zwangsversteigerung wird die unter Nr. . . eingetragene Forderung gelöscht.

greifen lassen.[1] Nachdem sie die Einträge bewirkt, muß sie ungesäumt und unaufgefordert dem Vollstreckungsgerichte durch Zusendung beglaubigter Abschrift Mittheilung machen, bezw. falls das Vollstreckungsgericht zugleich die Grund- und Hypothekenbehörde ist,[2] Abschrift der Einträge zu den Zwangsversteigerungsakten bringen lassen (§ 5 Abs. 2 und 3 der AVO.).

§ 14.

Die Uebergabe.

I. Den letzten Akt des Zwangsversteigerungsverfahrens bildet die unmittelbar an die Eintragung des Erstehers als Eigenthümer sich anschließende Uebergabe des Grundstücks an denselben. Für dieselbe ist die Bestimmung in § 198 S. 2 des BGB. maßgebend, woselbst bestimmt wird, daß die Uebergabe einer unbeweglichen Sache dadurch geschieht, daß der Erwerber mit Einwilligung des bisherigen Besitzers den Besitz ergreift. Das Vollstreckungsgericht verwilligt an Stelle des bisherigen Eigenthümers dem Ersteher die Besitzergreifung, indem es einen diese Verwilligung aussprechenden Beschluß[3] (§ 176 der Subh.-Ordn.) erläßt. Die angezogene Gesetzesstelle schreibt zwar nur die Zustellung des Beschlusses an den Schuldner vor; allein es liegt in der Natur der Sache, daß dem Ersteher davon, daß derselbe an den Schuldner ergangen ist, Kenntniß gegeben werden muß. Es ist deshalb das einfachste und entspricht der Vorschrift in § 294 Abs. 3 der CPO., wenn eine fernere Ausfertigung des ergangenen Beschlusses dem Ersteher zugestellt wird.[4]

---

[1] Damit ist aber nicht ausgeschlossen, daß sie aus einem andern Grunde die Eintragung beanstandet, z. B. wenn ihr eine einstweilige Verfügung, die einem grund- oder hypothekenbücherlichen Eintrag entgegensteht, vorgelegt worden ist.

[2] Identität des Vollstreckungsgerichts und der Grund- und Hypothekenbehörde im Sinne dieser Vorschriften ist schon dann nicht anzunehmen, wenn bei einem Amtsgericht die Bearbeitung der streitigen Civilsachen einem andern Richter überwiesen ist, als dem mit Bearbeitung der Grund- und Hypothekensachen beauftragten, obwohl nach außen das Gericht eine einheitliche Behörde ist. Vgl. hierüber die VO. Geschäftsvertheilung pp. vom 22. März 1881 (JMBl. 1881 S. 17) §§ 1 und 2.

[3] Dieser Beschluß ist unanfechtbar, § 51 der Subh.-Ordn.

[4] Mit der Bemerkung im Text hat nicht die directe Anwendbarkeit der angezogenen Vorschrift der Civilproceßordnung ausgesprochen werden sollen. Maßgebend sind die Vorschriften der §§ 52 ff. der Subh.-Ordn. Im obigen Fall „kann" nach § 52 Abs. 2 S. 2 die Benachrichtigung des Erstehers ohne besondere Form geschehen, muß aber nicht. Kommt es zur Vollstreckung (s. o. im Text), so kann die Vollstreckungsclausel auf die dem Ersteher zugestellte Ausfertigung gebracht werden.

Dieser Beschluß bildet einen vollstreckbaren Schuldtitel gemäß § 706 vbd. m. § 757 der CPO. (vgl. Schurig, Bem. 1 zu § 176 S. 276). Die Vollstreckung aus demselben geschieht nach Maßgabe von § 771 Abs. 1 der CPO. (§ 176 Abs. 1 S. 2 der Subh.-Ordn.). Wie bereits von Schurig a. a. O. hervorgehoben worden ist, ist die Zwangsvollstreckung[1] auf Grund dieses, lediglich sich an den Schuldner richtenden Beschlusses auch nur gegen den Schuldner und dessen Rechtsnachfolger[2] zulässig, während, wenn das Grundstück sich in der Inhabung eines Dritten befindet, der Ersteher zur Klageanstellung gegen denselben auf Herausgabe des Grundstücks genöthigt ist. Letzteres ist insofern bemerkenswerth und enthält insofern eine Abweichung von den Vorschriften des bürgerlichen Rechts, als nach diesen der Erwerber die Sache vom Veräußerer zu fordern berechtigt ist und sich von demselben nicht an einen Dritten verweisen zu lassen braucht. Würde der dritte Inhaber des Grundstücks gegen die Klage des Erstehers auf Herausgabe ein (dingliches) Recht am Grundstück geltend machen, der Fall der Entwährung also vorliegen, so hat der Ersteher seinem Vorbesitzer den Streit zu verkünden, denn nur dieser, nicht das Gericht, von welchem er gekauft hat, haftet für die Entwährung.[3]

II. Ausnahmsweise kann die Uebergabe des Grundstücks an den Ersteher schon zu einem früheren Zeitpunkt geschehen, wenn nämlich alle diejenigen Realberechtigten, deren Forderungen aus den Kaufgeldern zu befriedigen sind und die ihnen zukommende Befriedigung noch nicht erlangt haben, in die frühere Uebertragung des Besitzes des Grundstücks an den Ersteher willigen (§ 176 Abs. 4 der Subh.-Ordn.). Wenn diese Zustimmung bereits im Versteigerungstermin ertheilt wird, so liegt nach dem Wortlaut des Gesetzes ein Hinderniß für das Gericht, das Grundstück alsbald zu übergeben, nicht vor. Immerhin aber ist dies nicht räthlich, so lange der Vertheilungsplan nicht rechtskräftig geworden ist, weil erst mit Rechtskraft desselben der Kreis derer, deren Zustimmung nöthig ist, endgültig feststeht. Verpflichtet zur früheren Uebergabe ist übrigens das Gericht selbst dann nicht, wenn die Zustimmung der Realberechtigten vorliegt.[4]

III. Mit der Uebergabe des Grundstücks an den Ersteher, bezw. mit der Besitzergreifung des letzteren steht nicht in Zusammenhang das

---

[1] Sie erfolgt auf Betreiben des Erstehers, Schurig, a. a. O.

[2] Gegen letztere nach Maßgabe der Vorschriften in §§ 693 ff. 665 f. der CPO.

[3] S. o. § 2 unter I. a. E. § 950 des BGB. Schurig, Bem. 2 § 176 S. 276.

[4] Die Bestimmung in § 176 Abs. 4 der Subh.-Ordn. enthält nur eine Verhaltungsvorschrift für den Richter, wie er sich verhalten darf.

Recht auf den Bezug der Nutzungen des Grundstücks und die Pflicht zur Erfüllung der darauf lastenden und durch die Versteigerung nicht berührten Oblasten (öffentlich- und privatrechtlicher Natur). Dieses Recht und diese Pflicht ist auf den Ersteher bereits mit dem Tage der Versteigerung übergegangen.[1] Hieraus muß nothwendigerweise ein Conflict sich ergeben, indem vor der Uebergabe einerseits zwar der Ersteher das Recht zur Fruchtziehung hat, andererseits aber die mit dem ihm noch fehlenden Besitz des Grundstücks verbundene Füglichkeit der Einwirkung auf dasselbe zum Zwecke der Fruchtziehung ihm abgeht. Um den hier auftretenden widersprechenden Interessen gerecht zu werden, ordnet deshalb § 176 Abs. 2 der Subh.-Ordn. die Verwaltung des Grundstücks vom Tage der Versteigerung an bis zur Uebergabe für Rechnung des Erstehers an.

Zutreffend vergleicht Schurig, a. a. O. S. 277, den Ersteher mit einer Person, die wegen Mangels der Verfügungsfähigkeit ihr Vermögen nicht selbst, sondern nur durch einen ihr vom Gericht zu stellenden Vertreter verwalten kann. „Wie der letztere, als vom Gericht kraft des Gesetzes bestellter Vertreter, nicht vom Willen des Gerichts abhängt, ebenso hat der gemäß Abs. 2 (des § 176 der Subh.-Ordn.) vom Gericht zu stellende Vertreter bei der Verwaltung des Grundstücks nach seinem eigenen pflichtmäßigen Ermessen eventuell nach den Weisungen des Versteigerungsgerichts, nicht aber (abgesehen vom Ausnahmefall des Schlußsatzes von Abs. 2) nach den Anordnungen des Erstehers zu verfahren.

Auch darf er den Erlös aus der Verwaltung vor der Eintragung des Erstehers an den letzteren nicht abführen. Er ist berechtigt, diesen Erlös beim Versteigerungsgericht niederzulegen."

Es erübrigt noch hinzuzufügen, daß dem Ersteher in der Zwischenzeit bis zu seiner Eintragung als Eigenthümer nicht schlechterdings und unter allen Umständen jeder Einfluß auf die Art der Verwaltung des erstandenen Grundstücks versagt ist. Vielmehr steht es im Ermessen des Gerichts, demselben die Befugniß zu bezüglichen Anordnungen an den Verwalter einzuräumen. Für das Ermessen des Gerichts wird die Wichtigkeit der Anordnungen für den Ersteher einer- und die mehr oder minder fern liegende Möglichkeit, daß der Ersteher sein Erstehungsrecht verwirkt, anderer-

---

[1] Beides aber nicht schon endgültig, sondern durch den Erwerb des Eigenthums am Grundstück aufschiebend (nicht auflösend, wie Schurig, a. a. O. S. 277 will) bedingt. Wäre der Nichterwerb des Eigenthums auflösende Bedingung, so würden im Mangel einer abweichenden Specialvorschrift die in der Zwischenzeit bis zum Eintritt der Bedingung gezogenen Früchte dem Ersteher zukommen (§ 875 S. 2 des BGB.).

seits maßgebend sein. In keinem Fall aber ist das Gericht ermächtigt, dem Ersteher selbst die Verwaltung zu übertragen.

Wenn die Bestellung eines Verwalters dem Gerichte obliegt, so hat damit nicht ausgedrückt werden sollen, daß ein Verwalter stets bestellt werden muß, sondern nur, daß es nicht erst eines Antrags des Erstehers hierzu bedarf. Will der Ersteher (vielleicht um verhältnißmäßig hohe Verwaltungskosten zu ersparen oder aus sonst einem Grunde) eine Verwaltung in der Zwischenzeit bis zu seiner Eintragung nicht haben, so entfällt für das Gericht auch die Veranlassung zur Bestellung eines Vertreters.[1]

Hieraus ergiebt sich, daß das Gericht zweckmäßigerweise bereits im Versteigerungstermin nach erfolgtem Zuschlag diesen Punkt zur Sprache zu bringen und den Willen des Erstehers zu erforschen hat.

---

[1] Schurig, a. a. O. S. 276 unten.

Sach- und Wortregister.

(Die größere Zahl bezeichnet die Seite, die kleinere Zahl die Anmerkung.)

FSC
www.fsc.org
MIX
Papier | Fördert gute Waldnutzung
FSC® C083411

Kolibri 360 GmbH
Ferdinand-Jühlke-Straße 7
99095 Erfurt, Deutschland
produktsicherheit@kolibri360.de